Rainer Oberthür

Die Seele
ist eine Sonne

Was Kinder über Gott und
die Welt wissen

Rainer Oberthür

Die Seele ist eine Sonne

Was Kinder über Gott und die Welt wissen

Kösel

Weitere Bücher von Rainer Oberthür:

Kinder und die großen Fragen
Ein Praxisbuch für den Religionsunterricht

Kinder fragen nach Leid und Gott
Lernen mit der Bibel im Religionsunterricht

ISBN 3-466-36542-2
© 2000 by Kösel-Verlag GmbH & Co., München
Printed in Germany. Alle Rechte vorbehalten
Druck und Bindung: Kösel, Kempten
Umschlagmotiv: SuperStock München – Bildagentur
Umschlaggestaltung: Elisabeth Petersen, München,

1 2 3 4 5 · 04 03 02 01 00

Gedruckt auf umweltfreundlich hergestelltem Werkdruckpapier
(säurefrei und chlorfrei gebleicht)

Inhalt

Vorwort

Der blitz in unserem namen

für Marcela

Mit dem zeichentalent deiner mutter
hattest du seufzend zwei bäume gemalt
und die ölkreiden
mehr als geviertelt

Der künstlerstolz deiner fünf jahre
wollte die schöpfung signieren

Vertieft in die grellbunte mühsal
fragtest du plötzlich:
Und wann kommt der blitz?
Wir staunten
Was für ein blitz?
Du sagtest:
Na, der blitz!?
Wir ließen das kunstwerk uns bringen:
Du meintest
das z in unserem namen

Wirklich, zum ersten Mal sahen wir
in unserem namen
den blitz
Wann hatte er eingeschlagen?
Sicher, als wir nicht zuhause waren
Ein glück -
der name ist nicht abgebrannt
O kind, was werden wir alles
erst sehen
mit deinen augen

Reiner Kunze

Kindergedicht

Ein Kind
ist kein Rind
Ein Kind
ist geschwind
wie der Wind

Es hört
was euch stört
Es denkt
was euch kränkt
Es fragt
was euch nicht behagt
Es schreit
was ihr wirklich seid
Was es weiß
macht euch heiß
Und ihr sagt es sekkiert
wenn es euch irritiert

Erich Fried

Gedichte *über* Kinder von zwei bekannten Schriftstellern eröffnen dieses Buch mit Texten und Bildern *von* Kindern. Als »Auftakt« verraten sie viel von dem, was Sie hier erwartet: Reiner Kunze erzählt vom Kind als Schöpfer, Bildner und Künstler. Er macht auf die andere Sichtweise der Kinder aufmerksam, die uns die Augen öffnen, bereichern und ermutigen kann. Wer sich auf solche Perspektiven von Kindern einlässt, dem wird etwas geschenkt, was unserem Erwachsenenleben oft fehlt. Erich Fried verweist auf das Störende, Unbequeme und Entwaffnende der Worte von Kindern. Sein Gedicht bedarf – abgesehen vom österreichischen Wort »sekkiert« für »genervt« oder »belästigt« – keiner Erklärung. Umso verblüffender jedoch ist Erich Frieds Auskunft, dass er es als wahrscheinlich drittes Gedicht seines Lebens im Alter von sechseinhalb Jahren geschrieben hat. Damit ist es gleichzeitig eine Eröffnung und Hinführung zu den Kindertexten dieses Buches.

»Die Seele ist eine Sonne im Menschen.
Die Seele sind verschiedene Gefühle.
Gott hat uns die Seele gegeben.
Die Seele ist fast das ganze Leben.
Die Seele kann man nicht mit den Augen sehen.«

Bastian

*Wo ist das Kind, das ich gewesen,
wohnt es in mir oder ist es fort?*

fragt Pablo Neruda –

Kinder antworten:

Es ist in dir, es ist nur schwer zu finden.

Das Kind, was du gewesen bist,
bist du auch heute noch.

Es ist gegangen,
doch im Innern geblieben.

alter gott jung

alter gott:
bist alt
älter als alles
oder jung
jünger
als das jüngste der welt
gottes kindheit unendlich?
zu alt
zu jung
wozu
dich wissen?
wir:
ahnen dich

Christine

Seit vielen Jahren staune ich über Kinder. Im Religionsunterricht zum Beispiel entdecken wir die großen Fragen der Menschheit: Wer bin ich? Woher komme ich und wohin gehe ich? Woher kommt die Welt? Warum gibt es überhaupt etwas? Gibt es Gott wirklich? – Dabei fordere ich die Kinder immer wieder heraus, ihre eigenen Vorstellungen, Gedanken und Erfahrungen in Wort und Bild auszudrücken. Wenn ich die Bilder und Texte der Kinder bei

Tagungen mit LehrerInnen vorstelle, entsteht aufmerksame Stille voller Achtung vor den Kindern. Wir Erwachsenen sind verblüfft, was Kinder zu sagen haben, uns vor Augen führen und uns zu denken geben, was bereits Kinder über Gott und die Welt »wissen«.

Dieses Buch enthält eine *Text- und Bilder-Sammlung von Kindern* im Alter von sieben bis elf Jahren. Es lädt dazu ein, auf eine spirituelle Entdeckungsreise zu gehen, um vielleicht mit Kindern auch Religion neu zu erfahren. Ich erzähle die *Entstehungsgeschichten* (»Wie Kinder zu Wort kommen«) der Kinderäußerungen und stelle literarische und biblische Texte sowie Bilder der Kunst vor, die ich den Kindern als Impulse vorlegte. Es folgen meine *Eindrücke*, die Lesehilfen zu den Kinderäußerungen anbieten. Sie enthalten auch *Ideen*, wie Sie selbst oder wie sie mit Kindern kreativ werden können. Das Buch endet mit Überlegungen zu einem zeitgemäßen Umgang mit religiösen Fragen und Erfahrungen der Kinder.

In erster Linie möchte ich anregen, *Kindern das Wort zu geben* und *auf Kinder zu hören*, sich dem Reichtum ihrer Wahrnehmungen und Deutungen zu öffnen, einmal mit den Augen der Kinder Gott und die Welt zu betrachten. Darüber hinaus biete ich *Hilfen zum Verstehen von Kindern* und *Impulse für Gespräche* mit ihnen an. Die in diesem Buch angesprochenen Fragen beschäftigen Kinder nach meinen Erfahrungen sehr. Sie brauchen Menschen, mit denen sie darüber sprechen können.

Von den Kindern her kommt so auch in den Blick, wie wir als *Erwachsene* heute *glaubwürdig von Gott reden* könnten, wie wir unser *Leben und* die *Bibel (wieder) zusammenbringen* könnten.

So kann das Buch gelesen werden

- als Schule des Staunens über die Kinder und des Lernens von den Kindern,

- als Hilfe und Ermutigung, mit Kindern über ihre (religiösen) Fragen zu reden sowie

- als Hinführung zu grundlegenden religiösen und biblischen Fragestellungen.

Dieses Buch stimmt nicht ein in die Klage, dass Kinder heute hilflos dem Fernsehen ausgesetzt sind, unruhig und unkonzentriert, verbildet durch die Ansprüche einer Gesellschaft, die auf Leistung, Konsum und oberflächliche Erlebnisse setzt. Nicht, dass das alles falsch wäre: Kindheit ist heute zweifellos anders und oft schwieriger, aber nicht schlechter als früher! Kinder sind heutzutage den großen Menschheitsfragen gegenüber *offener* als früher, da ihnen die Probleme der Welt und die Fragen nach Gott bereits früh begegnen. Kinder sehnen sich nach intensiver Auseinandersetzung mit *einer* Sache, weil sie in der Regel von einem zum anderen hetzen müssen, da Bilderfluten und Termine sie bedrängen, ohne ihnen eine Chance des Verweilens zu lassen. Kinder suchen *selbst* schon früh ihren Sinn des Lebens, weil er ihnen nicht in gleicher Weise vorgegeben wird. Die schwierigen Herausforderungen können Kinder in ersten Anfängen annehmen, aber nicht ohne Hilfestellung und Begleitung durch uns Erwachsene.

Dieses Buch ist also kein Nachschlagewerk mit »richtigen« Antworten auf Kinderfragen. Noch weniger enthält es »süße« Texte der »lieben Kleinen«. So wie die Kinder uns und wir die Kinder herausgefordert haben, sich den großen Lebensfragen zu stellen, sind auch Sie vor diese Fragen gestellt. Das Buch zielt auf die *Wahrnehmung* dessen, was in den Kindern steckt, auf mögliche *Wege*, mit Kindern zur Sprache zu bringen, was sie bewegt, und auf eine *Haltung*, den Fragen der Kinder nicht »ausgeliefert« zu sein, sondern sich zu ihnen zu stellen und mit ihnen nach Antworten zu suchen. Aus diesem Fragen und Suchen kann sich eine Spiritualität von Kindern *und* Erwachsenen entwickeln, die alle Beteiligten sowie die großen Fragen der Menschheit unbedingt ernst nimmt. Immer schon waren diese großen Fragen der wahre Ursprung von Religion und Glaube.

Das vergangene Jahrhundert ist zu Recht als die Zeit der »Entdeckung des Kindes« beschrieben worden: Das Kind wurde als eine von Beginn an selber Sinn suchende, eigenständige Person erkannt. Das beginnende Jahrtausend kann vielleicht der Anfang eines Miteinanders zwischen Kindern und Erwachsenen sein: ihre jeweilige Eigenart, Andersartigkeit und Selbstständigkeit wollen wir nicht nur akzeptieren, sondern im Dialog fruchtbar werden lassen. Die Chance dazu haben wir!

>»Darum lasst euch nicht durch kleine Dinge verwirren,
denn ihr seid ja nicht zu Kleinem geschaffen.«

Meister Eckehart

Mein Dank gilt den Kindern der Katholischen Grundschule Höfchensweg in Aachen! Sie sind die eigentlichen Autorinnen und Autoren. Stellvertretend nenne ich die Kinder, mit denen ich in den letzten vier Jahren viele schöne Stunden verbracht habe. Von ihnen kommt der überwiegende Teil der Texte und Bilder: Eline, Markus, Katharina, Sebastian D., Peter, Julia, Nils, Aline, Heinrich, Anna-Carolina, Benjamin, Christine, Sebastian S., Hille, Philipp, Leandra, Jonathan, Mira, Kian, Bastian, Stefanie, Thomas, Ben, Magdalena, Jörg, Laura, Dan, Anna-Katharina, Sebastian K., Ruth und Eric.

Dankbar für zehn Jahre intensiver Zusammenarbeit bin ich Alois Mayer, der mich in der Schule immer wieder zu Ungewöhnlichem ermutigt und das Buch in allen Phasen seiner Entstehung begleitet und mitgeprägt hat, sowie Christine Keutgen, die meine Arbeit im Katechetischen Institut unterstützt. Winfried Nonhoff vom Kösel-Verlag war von Anfang an entscheidender »Geburtshelfer« des Buches und stand mir mit Erfahrung und Kompetenz zur Seite. Auch danke ich Ulla Mayer und Ruth Oberthür, die als kritische Erst-Leserinnen halfen, sowie unseren Kindern Lena und Daniel, die mich immer wieder aufmerksam werden lassen, dass es auch anderes gibt, als Bücher über Kinder zu schreiben.

Rainer Oberthür

Rabbi Nachman sagte:
Warum wird die Weisheit mit Holz verglichen, wenn es heißt:
Ein Holz des Lebens ist sie denen, die sie ergreifen? (Sprüche 3,18)
Das besagt dir: Wie ein kleines Stück Holz ein großes in Brand steckt,
so schärfen die kleinen Gelehrten die großen. Das ist es,
was Rabbi Chanina sagte: Viel habe ich von meinen Lehrern gelernt,
von meinen Kollegen mehr als von meinen Lehrern,
und von meinen Schülern mehr als von ihnen allen.

Nach einer Überlieferung aus dem Talmud

1. »Die Stille ist das Brüllen der Löwen, wenn sie schlafen.«

Stille Sätze der Kinder

Die Stille
Die Pferde galoppieren, galoppieren,
sie werden langsamer, langsamer,
es wird leiser, leiser
und endlich stehen sie.

Eline, 8 Jahre

Die Stille ist das Pendeln eines Seiles,
das an einer hohen Stange hängt
und immer langsamer
und langsamer wird
und nachher still steht.
Die Stille ist wie eine Raupe, die sich
dick und fett frisst
und die nach dem Winter als Schmetterling aus ihrem Kokon kommt.
Die Stille ist so wie das Sonnensystem,
es ist einfach da.

Ben, 9 Jahre

Die Stille gibt laute Töne innendrin,
aber außen ist sie ganz leise.

Dan, 9 Jahre

Die Stille ist wie das Meer,
man kann sich in das Meer
und in die Stille reinhören.
Die Stille ist das Geräusch
in meinen Ohren,
das mich immer umfängt
in meinen Ohren.

Katharina, 8 Jahre

Die Stille ist wie das Feuer,
das im Ofen brennt
und nachher langsam erlöscht.
Stille ist nicht wie eine Uhr.

Jonathan, 9 Jahre

Die Stille ist wie der Mond,
der am Himmel steht.

Stefanie, 8 Jahre

Die Stille ist wie die Welt, die durchs
All schwebt.
Alle Planeten und Sterne sind still.

Sebastian, 9 Jahre

Die Stille ist das,
was zwischen Erde und Sonne ist.

Philipp, 8 Jahre

Die Stille ist wie ein Raum
voller Geheimnisse.

Christine, 9 Jahre

Die Stille ist wie das Rascheln
der Blätter,
wenn die Schnecke sie überkriecht.

Leandra, 9 Jahre

Die Stille ist der Wind,
der an den Bäumen vorbeistreift,
aber trotzdem ganz still ist.

Jörg, 9 Jahre

Die Stille ist das Rauschen der Blätter,
wenn sie vom Baum fallen.

Julia, 8 Jahre

Die Stille ist das Brüllen der Löwen,
wenn sie schlafen.

Bastian, 9 Jahre

Die Stille ist das Knacken der Äste,
die nicht vorhanden sind.

Nils, 8 Jahre

Die Stille
Das ganze Land ist still,
nur ein paar Menschen sind da,
sie haben das Reden verlernt.
Auf einmal bleiben alle stehen
und hören den Vögeln zu
und denken für sich:
Schade, dass ich nicht mehr reden
kann, und für die Zeit war alles still.

Anna-Carolina, 8 Jahre

Die Stille ist ein Apfel,
wenn er langsam reift.
Die Stille ist ein Stern,
der die Nacht wieder sichtbar macht.

Laura, 8 Jahre

Die Stille ist ein Zirkus mit Spannung.

Heinrich, 8 Jahre

Die Stille ist wie ein Schmetterling,
der fliegt
er wird immer langsamer
und plötzlich setzt er sich
auf einen dünnen Ast
und wird ganz ruhig und still.

Magdalena, 9 Jahre

Die Stille ist wie Pudersand,
so weich und zart zum Reinlegen.
Die Stille ist wie Gesang,
man kann sie hören und genießen.
Die Stille ist wie Träumen,
man kann in ihr Traumbilder sehen.

Mira, 8 Jahre

Die Stille tut den Menschen gut
wie allen Lebewesen.

Sebastian, 9 Jahre

Die Stille

Die Stille ist ein Zwitschern
der nicht vorhandenen Vögel
Die Stille ist Brandung und Sog
des trockenen Meeres

Die Stille ist das Flimmern
vor meinen Augen im Dunkeln
Die Stille ist das Trommeln
der Tänzer in meinem Ohr

Die Stille ist der Geruch
nach Rauch und nach Nebel
in den Ruinen
an einem Kriegswintermorgen

Die Stille ist das
was zwischen Nan und mir war
an ihrem Sarg
die Stille ist nicht was sie ist

Die Stille ist der Nachhall
der Reden und der Versprechen
Die Stille ist
der Bodensatz aller Worte

Die Stille ist das
was übrig bleibt von den Schreien
Die Stille ist die Stille
Die Stille ist meine Zukunft

Erich Fried

Wie Kinder zu Wort kommen

Zunächst betrachteten die Kinder des 3. Schuljahrs bei klassischer Gitarrenmusik das Bild »Stille« von Odilon Redon. Einige Kinder äußerten ihre Empfindungen und Gedanken dazu, wobei ich die Musik dabei jeweils etwas leiser einblendete. Nun kündigte ich ein Gedicht von Erich Fried mit demselben Titel an: »Der Dichter hat es wohl für Erwachsene geschrieben, doch vielleicht könnt ihr auch vieles davon verstehen oder erspüren, was Erich Fried über die Stille sagen will. Es ist genug, wenn du dich in einen der Sätze über die Stille hineinfühlst und die Stille so ertasten und begreifen kannst.«

Nach mehrmaligem Hören und Lesen des Gedichtes bekam jedes Kind ein Blatt mit dem Bild von Odilon Redon und mit freien Zeilen für eigene Sätze zur Stille. Sie konnten sich in Form einfacher Sätze, Gedichte oder Geschichten ausdrücken.

Eindrücke und Ideen

Kinder brauchen heute mehr denn je Erfahrungen der Stille. Ganz und gar bei sich und bei der Sache zu sein, sich zu sammeln und zu begrenzen in der Vielfalt angebotener Erlebnisse, ist ihnen ein Bedürfnis, wenn sie erfahren haben, wie gut das tut. Das Bild von Odilon Redon kann eine solche Erfahrung in Erinnerung bringen oder sie selbst ermöglichen. Erich Frieds Gedicht weckt »Sprachbilder« (Metaphern) für Stille-Erfahrungen und bietet unmittelbare Sprachhilfe an, solche Erfahrungen auszudrücken.

Angeregt durch diese poetische Redeform, entfalten Kinder selbst sprachliche »Verdichtungen« von Stille. Sie variieren spielerisch die Metaphern und übernehmen Formulierungen in ganz anderen Zusammenhängen. Aus »was zwischen Nan und mir war« wird »was zwischen Erde und Sonne ist«. Aus »nicht vorhandenen« Vögeln werden Äste und schlafend brüllende Löwen. Überhaupt lassen sich Kinder von der negativen Rede Erich Frieds (»die Stille ist nicht was sie ist«) anstecken (»ist nicht wie eine Uhr«). Eindrucksvoll sind die lyrischen Beschreibungen der Stille als langsam abnehmende Bewegung: Die Pferde, das Pendel und der Schmetterling kommen zum Stillstand. Auch der Kontrast zu Lärm lässt Stille erfahren: laute Töne innendrin und ein erlöschendes Feuer. Viele Kinder beschreiben Naturbilder, Planeten und das All.

Kinder zeigen eine beachtliche Souveränität im Umgang mit dem Gedicht. Vielleicht ermutigt das Sie als Leserin und Leser der Kindersätze, selbst – und am besten zusammen mit Kindern – einen eigenen »verdichteten« Satz zur Erfahrung der Stille zu schreiben. Ich habe es einmal versucht:

»Die Stille ist das, was zwischen den Tönen ist,
doch ohne die Töne nicht da.«

2. »Wer fragt, weiß schon etwas!«

Fragen der Kinder – Kinder über das Fragen

1. Gedanken von Kindern zu Jean Cocteaus »Face à face« – »Von Angesicht zu Angesicht«

Das Bild zeigt mir,
wie zwei Menschen einander vertrau-
en und miteinander nachdenken.
Man sieht, der andere mag den anderen und auch umgekehrt.
Sonst könnten sie nicht miteinander
denken.

Eine Gemeinschaft, die zusammen ist,
zwei Menschen, die sich helfen
und ihren Weg gehen,
die Fragen haben
und Antworten geben,
die Sätze sagen
und von anderen Sätze hören.
Und noch vieles andere
miteinander tun.

Das Bild zeigt mir,
wie zwei Menschen sich vertragen,
verstehen und miteinander lachen.
Vielleicht kommen sie nicht aus
demselben Land,
aber sie verstehen sich trotzdem.

Es sieht aus wie eine Gestalt, die mir
fragend in die Augen guckt.
Sie hat einen Bart, eine spitze Nase
und dazu einen sehr spitzen Hals.
Es sieht so aus, als ob die Frage
sehr wichtig ist.

Ein Bild, eine Sonne,
die eine Menschenseele bestrahlt,
Gott sieht mit beiden Augen
die Menschenseele an,
er vertieft sich in sie,
er sieht, dass es eine Frau ist,
der Bauch hat eine sonderliche Größe,
es sieht aus, als ob sie ein Kind
gebären wird.

Es sind zwei Lebewesen,
von denen nur noch ein Auge
herausguckt und sich fragt:
»Was bin ich eigentlich,
wieso bin ich auf der Welt?«
Es könnte aber auch sein,
dass da gerade Gott
den Menschen erschafft
und uns aus den Teilen, aus denen
wir bestehen, zusammenpuzzelt.
Und das Fragezeichen ist Gott.

Es könnte wie Gott aussehen,
vielleicht ist es Gott.
Es sieht so aus,
als wollte er eine Frage stellen.

2. Kinder fragen ...

Kinder fragen nach sich selbst:

Wer bin ich eigentlich?
Wieso bin ich so, wie ich bin?
Wieso lebe ich eigentlich, warum kann
ich mich fühlen?
Wieso lebt nicht ein anderer für mich?
Bin ich wirklich ich?
Warum bin ich?
Wenn sich meine Eltern nicht getrof-
fen hätten, wäre ich dann nicht auf
dieser Welt?
Wenn es mich nicht gäbe, würde es
keiner merken?

Kinder fragen nach dem Geheimnis-
vollen, Unvorstellbaren und Unendlichen:

Kommt man im All an ein Ende?
Was wäre,
wenn die Sonne nicht da wäre?
Warum gibt es die Erde?
Wie entstand die Welt?
Wer war der erste Mensch?
Wie kann aus einem so kleinen Senf-
korn eine Pflanze werden?

Kinder fragen nach dem, was sie als
Unrecht erleben:

Warum bestimmen immer die
Erwachsenen?
Warum verstehen die Jungen
die Mädchen nicht?
Warum sind so viele gegen
Ausländer?
Warum gibt es Streit?
Warum streite ich mich manchmal mit
einem, obwohl ich es nicht will?
Wie sieht unsere Welt
in 50 Jahren aus?
Warum verschmutzt man die Umwelt?
Warum gibt es Krieg?

Kinder fragen nach Leid und Tod und
dem, was danach kommt:

Warum muss ein Mensch krank sein?
Warum lässt Gott zu, dass man so
traurig sein muss?
Warum müssen wir Menschen
sterben?
Wenn Gott stärker als der Tod ist, wa-
rum schafft er dann den Tod nicht ab?
Was mache ich, wenn ich tot bin?
Wo kommen wir hin,
wenn wir tot sind?
Warum gibt es einen Himmel?
Wie sieht es im Himmel aus?
Ist der Himmel wirklich ein Paradies?
Hört das Leben auf der Erde nie auf?

Kinder fragen nach Gott und hinterfragen Gott:

Wie sieht Gott aus?
Warum kann man Gott nicht sehen?
Wo kommt Gott her?
Wer hat Gott erschaffen?
Wird Gott nie sterben?
Ist Gott noch auf der Welt?
Wie groß ist Gott?
Wieso heißt Gott Gott?
Kann Gott überhaupt sprechen?
Gibt es Gott wirklich?

Kinder fragen Gott persönlich:

Wie bist du entstanden?
Hast du auch eine Mutter, die dich in
die Arme nimmt?
Hast du Angst wie wir?
Machst du auch Fehler?
Wie denkst du?
Bist du verliebt?
Wie war es, als du Kind warst?
Bist du wirklich überall?
Warum bist du den Menschen ganz
nah und man sieht dich
trotzdem nicht?
Wer bist du wirklich?
Bist du der einzige Gott?
Warum heißt du Gott?
Warum bist du ein Gott?
Was war vor der Welt und der Zeit der
Tiere und der Pflanzen?
Wie schaffst du es,
dass eine Fliege fliegen kann
und so ein winziges Herz hat?

Warum hast du die Erde erschaffen?
Warum hast du uns erschaffen?
Was sind Menschen?
Warum kann ein Mensch nicht für sich
alleine leben?
Warum gibt es verschiedene
Sprachen?
Warum sagst du uns nicht alles, wenn
du so viel weißt?
Warum lässt du manche Kinder behin-
dert auf die Welt kommen?
Warum werden Menschen krank?
Warum lässt du es zu, dass es Kriege
und Hungersnöte gibt?
Warum lässt du den Krieg nicht
Frieden werden?
Warum werden so viele Tiere getötet?
Warum hast du böse Menschen
erschaffen?
Wieso liebst du auch Mörder?
Bestimmst du das Unglück?
Bist du die Hilfe?

Kinder hinterfragen ihr(e) Fragen ...

Wie komme ich überhaupt auf
die Fragen?
Warum stelle ich diese Fragen?
Wenn ich zum Beispiel das jetzt nicht
schreiben würde,
wäre dann die Welt anders?
Ich frage mich Fragen,
die ich noch nie gefragt habe.

... und probieren Antworten zum
»Grund« ihres Fragens:

Man fragt, damit man eine Antwort findet!

Wenn man nicht fragt, dann kann man nicht antworten.

Man braucht zum Antworten Zeit, die Zeit, in der man nachdenkt, ist eine stille Zeit.

Es gibt Fragen, die kann man nicht beantworten, aber es ist gut, darüber nachzudenken.

Es gibt Fragen, zu denen man immer neue Lösungen findet.

Fragen sind manchmal Vorstellungen, wie man sich etwas selbst vorstellt, zum Beispiel Gott.

Wenn man eine Frage hat und sich nicht traut, sie zu stellen, dann kann man keine Antwort bekommen.

Die, die fragen, suchen Antworten.

Fragen sind der Weg zur Antwort.

Wer fragt, weiß schon etwas.

Die Antwort liegt meistens schon in der Frage.

Wenn man direkt die Antworten findet, gibt es die Fragen nicht mehr.

Wenn einer einem eine Antwort gibt, ohne dass der gefragt hat, so ist das keine Antwort!

3. Kinder fragen nach der Zeit

Was ist die Zeit?

Warum ist das Jahr 1998, wir könnten genauso im Jahre 3000 sein?

Gibt es die Zeit auch im Weltall?

Wieso heißt Zeit Zeit?

Warum braucht alles seine Zeit?

Wann hat die Zeit angefangen?

Was war, als es die Zeit noch nicht gab?

Wie sind die Menschen eigentlich darauf gekommen, dass es Zeit gibt?

Warum kam die Zeit der Schöpfung?

Wie viel Zeit ist schon vergangen?

Ist die Zeit irgendwann aufgebraucht?

Was würde passieren, wenn die Zeit aufhört?

Gibt es die Zeit auch auf dem Friedhof?

Wie lange lebe ich noch?

Werden wir immer noch leben, wenn es keine Zeit mehr gibt?

Wieso gibt es Uhren?

Warum kann man die Zeit einteilen?

Wieso geht eine Uhr, die die Zeit misst, immer im Kreis?

Ist die Zeit gefangen in den Uhren?

Wieso ist die Zeit da und man kann sie nicht fühlen?

Ist die Zeit sichtbar oder müssen wir sie spüren?

Wieso läuft die Zeit davon und ist am nächsten Tag wieder da?

Warum kann man Zeit nicht anhalten?

Kann man Zeit sparen wie Geld?

Kann man sich Zeit stehlen?

Kann man die Zeit
einem beibringen?
Ist Zeit kostbar?
Brauchen wir die
Zeit?
Finde ich Zeit?
Wenn man keine
Zeit hat, wer hat
dann die Zeit?
Gibt es die Zeit in
uns selbst oder ist
sie dort anders?
Haben wir in der
Zeit, die vergangen
ist, etwas ver-
säumt?
Wann kommt die
Zeit, in der das
Wünschen wieder
hilft?
Kann man einen
Vorrat an Zeit anle-
gen und ihn später,
wenn man alt ist,
gebrauchen?
Kann man die Zeit
anhalten?
Spielt die Zeit
manchmal
auch verrückt?
Wie viel Zeit lebte
Gott auf der Welt?
Rechnet Gott Stun-
den in Sekunden?
Hat Gott die Zeit gemacht?

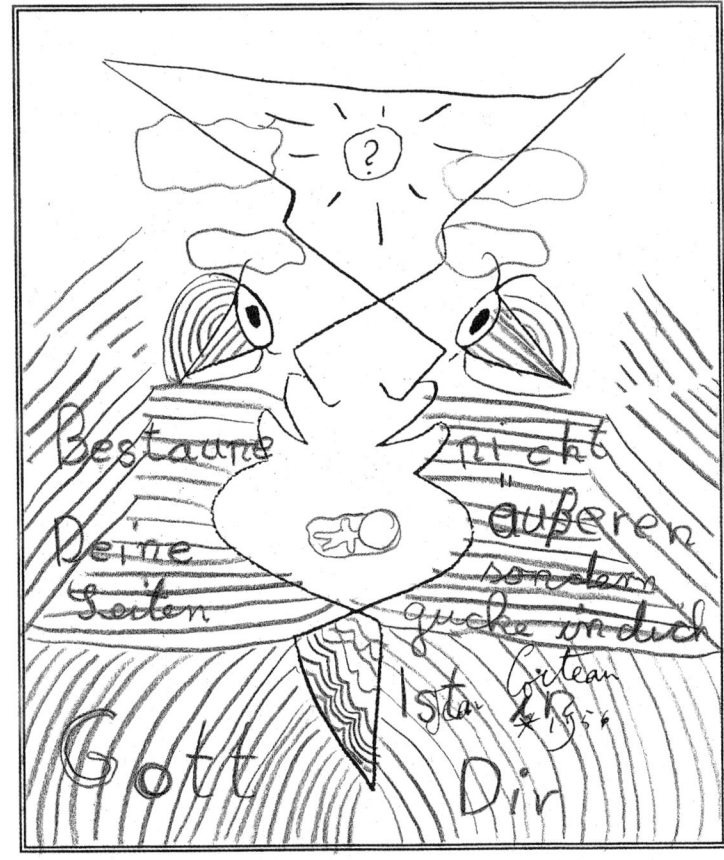

In dem Bild steht: Bestaune nicht deine äußeren Seiten sondern gucke in Dich. Gott ist in dir.

Wie Kinder zu Wort kommen – Eindrücke und Ideen

1. Jean Cocteaus geheimnisvolles Bild »Face à face« eröffnet Gedanken und Fragen. Der Künstler Cocteau (1889-1963) war Schriftsteller und Graphiker. Der Schritt vom Schreiben zum Zeichnen war für ihn nur klein. Er verstand seine Zeichnungen als aufgelöste und wieder anders zusammengefügte Handschrift. Sein gesamtes Kunstschaffen war für ihn »visuelle Poesie«; man kann ihn als einen Dichter für die Augen sehen. So regt das Bild umgekehrt Kinder (4. Schuljahr) zum Schreiben an und später dann zum Weiterzeichnen des Bildes. Sie bringen zur Sprache, was Cocteau visuell »verdichtet« hat. Im Mittelpunkt ihrer Sichtweisen stehen die Beziehung der beiden Menschen, die Bedeutung des Fragens, auch nach Gott. So verknüpft Laura ihre Zeichnung mit der Aufforderung: »Bestaune nicht deine äußeren Seiten, sondern gucke in dich. Gott ist in dir.« Diese Zusammenführung von Bild und Schrift hätte Cocteau sicher gefreut!

2. Die allgemeinen Fragensammlungen, Gedanken zum Fragen und Antworten und die Fragen an Gott stammen aus vielen verschiedenen Grundschulklassen. Zumeist reichen kleine Anstöße, die die Fragen von Kindern wecken, zum Beispiel ein Blatt mit der Überschrift »Fragen, über die ich mir den Kopf zerbreche«. Fragen von Kindern können nach meiner Erfahrung uns Erwachsene wie kaum etwas anderes erkennen helfen, was Kinder berührt und beschäftigt. Während allgemeine Fragen zu einem breiten Themenspektrum führen, zeigen gezielte Fragen, ob und in welcher Weise ein bestimmtes Thema die Kinder betrifft.

3. Die Überschrift »Meine Fragen zur Zeit« stand allein auf einem vorbereiteten Blatt – am Anfang des Unterrichts zu Zeiterfahrungen, Zeitverstehen sowie über Zeit und Gott (weitere Elemente, s. Kap. 8). Aus den zweihundert Zeitfragen der Kinder habe ich eine Auswahl zusammengestellt. – In welche Tiefen dringen Kinder!

3. »Ich sehe nicht so aus, wie ihr euch das vorgestellt habt.«

Geschichten vom Gott-Sehen und Gott-Nicht-Sehen

Die Blinden und die Sache mit dem Elefanten

In einer großen Stadt waren alle Einwohner blind. Eines Tages besuchte ein König dieses Gebiet und lagerte mit seinem Gefolge in der Wüste vor der Stadt. Er besaß einen großen Elefanten, den alle Menschen bewunderten, die ihn sahen. Auch die Blinden wollten den Elefanten kennen lernen und eine Anzahl von ihnen eilte – wie Narren – zu ihm, um seine Gestalt und Form festzustellen. Da sie ihn ja nicht sehen konnten, tasteten sie ihn mit ihren Händen ab. Jeder berührte irgendeines seiner Glieder, gewann davon eine Vorstellung und bildete sich ein, etwas zu wissen, weil er einen Teil fühlen konnte.

Als sie in die Stadt zurückkehrten, erzählten sie den neugierigen und zurückgebliebenen Menschen etwas über das Aussehen und die Gestalt des Elefanten: Einer, der das Ohr des Elefanten betastet hatte, meinte: »Er ist ein großes, raues Etwas, breit und weit wie eine Decke.« Einer, der den Rüssel betastet hatte, meinte: »Er ist lang und innen hohl, wie eine Röhre.« Und der, der die dicken Beine gefühlt hatte, sprach: »So weit ich erkennen konnte, ist er mächtig und fest wie eine Säule.«

In der Welt konnten die Menschen sehen, aber nicht Gott sehen. Eines Tages trafen sie einen einzigen Menschen, der Gott sah, aber er hatte es sich nur vorgestellt. Dabei kam Gott, sie wollten Gott anfassen, aber es ging nicht, weil Gott unsichtbar ist. Dann stellten sie sich selber etwas vor, wie Gott aussah. Einer sagte: »Gott ist ein Etwas, was genauso aussieht wie wir.« Ein anderer sagte: »Gott ist ein Riese.« Noch ein anderer meinte: »Gott ist ein Etwas, das wie ein Zwerg ist.« So diskutierten sie, wie Gott aussah, aber Gott sagte: »Ich sehe nicht so aus, wie ihr euch das vorgestellt habt. Das bleibt auch immer mein Geheimnis.«

Hille, 8 Jahre

In der Welt konnten die Menschen sehen, aber nicht Gott sehen. Eines Tages wollten die Menschen Gott kennen lernen, aber das ging nicht ... sie waren traurig, also gingen sie wieder rein und legten sich ins Bett und versuchten in Gedanken, ihn zu sehen. Bei einigen klappte es, bei einigen nicht. Die, bei denen es nicht geklappt hat, fragten die anderen, wie Gott aussieht. Jeder hatte etwas anderes erzählt und sie stritten sich, welches Bild das Richtige war.

Eline, 7 Jahre

In der Welt konnten die Menschen sehen, aber nicht Gott sehen. Eines Tages wurden die Menschen blind, da konnten sie nichts mehr sehen wie vorher, aber sie konnten Gott sehen. Sie erzählten sich jeden Tag über Gott.

Nils, 8 Jahre

In der Welt konnten die Menschen sehen, aber nicht Gott sehen. Eines Tages hörten alle, dass ein Botschafter von Gott kommen sollte, und alle machten alles schön und machten sich noch fein und alle warteten. Doch alles, was kam, war ein Vogel, der hin und her flog. Aber er hatte ein zusammengerolltes Stück Papier bei sich. Er ließ es fallen und einer hob es auf und las vor: »Viel zu viel Krieg!« Dann sagte einer: »Gott ist ein Etwas, das sich um alles kümmert.«

Jonathan, 8 Jahre

In der Welt konnten die Menschen sehen, aber nicht Gott sehen. Eines Tages ging ein Mensch auf einen Berg und wollte versuchen, Gott zu sehen. Er hatte leider keinen Erfolg. Jede Nacht ging er zu dem Berg, um Gott zu sehen. Als der Mann immer noch keinen Erfolg hatte, wollte er aufgeben. Aber er sagte: »Ich möchte Gott sehen, noch eine Nacht will ich es versuchen.« Diese Nacht ging er zu dem Berg und

29

er sah einen Stern, der war so hell. Der Mann sagte den Leuten, dass er Gott gesehen hatte. Gott ist ein Etwas, das hell ist.

Sebastian, 8 Jahre

In der Welt konnten die Menschen sehen, aber nicht Gott sehen. Eines Tages kam Gott, es war Nacht, er ging zu einem der schlauesten Menschen auf der Welt. Er sagte ihm: »Ihr Menschen könnt mich nicht sehen, ihr braucht mich auch nicht zu sehen, denn ihr wisst, dass ich immer für euch da sein werde. Und ich werde euch immer beschützen, in guten Zeiten und in schlechten Zeiten.« Und dann ging er wieder, aber der Mann konnte es ja nicht sehen. Gott ist ein Etwas, das man nicht sehen kann. Der Mann aber sagte es seinen Freunden.

Bastian, 8 Jahre

Wie Kinder zu Wort kommen

Die Frage nach dem »Sehen« Gottes spielt nicht nur in der biblischen Tradition und der christlich-jüdischen Glaubensgeschichte, sondern auch bei den Kindern eine zentrale Rolle. Die Erzählung von den Blinden und dem Elefanten aus der Zen-Tradition – hier in einer Fassung in Anlehnung an Idries Shah – kündigte ich Kindern (2. Schuljahr) an als Geschichte ohne das Wort »Gott«, in der Gott aber vielleicht doch vorkommt. Die Erzählung hilft bereits kleinen Kindern, Möglichkeiten und Grenzen der Gotteserkenntnis und das Verhältnis der Menschen zu Gott zu umschreiben. Im Gespräch blieben die Kinder zunächst ganz innerhalb der Geschichte. Die intensive Erfahrung der Geschichte machte sie fähig zur Übertragung: »Genauso wie die Blinden vor dem Elefanten stehen wir Menschen vor Gott. Wir können ihn nicht sehen und verstehen, ihn uns aber vorstellen und uns davon erzählen.«

Eindrücke und Ideen

Hille »spielt« in ihrer Geschichte durchgehend mit den Gegensätzen *sehen – sich vorstellen – nicht sehen* sowie *groß – klein*. Am Ende steht die Verborgenheit Gottes. So wie viele Kinder berührt Hille damit ganz unmittelbar die alte theologische Frage, ob wir von Gott nur in Analogien, also in Entsprechungen, in vergleichbaren und übertragbaren Bildern reden können. Eline kommt in einer ähnlichen Geschichte zu einem offenen Ende: »Jeder hatte etwas anderes erzählt und sie stritten sich, welches Bild das richtige war.« Dieser unversöhnliche Schluss formuliert in der Sprache des Kindes die nicht ausgehaltene Spannung als Hintergrund von Gottesbilderstreit bis hin zu Religionskriegen.

Nils' knappe, visionär anmutende Darstellung verkehrt die Ausgangssituation ins Gegenteil: blind gewordene Menschen, die Gott sehen können und sich – ohne erkennbare Konflikte – gegenseitig davon erzählen. Jonathans Erzählung wird neben dem überraschenden Ende besonders durch die Momente der Verzögerung bestimmt: Die Ankündigung des Botschafters – die Vorbereitung und das Warten – das Hin- und Herfliegen des Vogels – das Ritual des Fallenlassens, Aufhebens und Vorlesens der Nachricht. Die Enttäuschung der Wartenden, die wohl ein Sehen Gottes erhofft hatten, wird durch die prägnant formulierte Botschaft hinübergeführt in ein stilles Berührtsein.

Sebastian stellt – der biblischen Überlieferung entsprechend – den Berg als Ort möglicher Gottesnähe in den Mittelpunkt. Erst nach unzähligen vergeblichen Versuchen zeigt sich dem geduldigen Menschen im Licht des Sterns Gott als »ein Etwas, das hell ist.« Auch das Licht erscheint wie in der Bibel als Metapher, die auf Gott verweist, nicht aber Gott ist. Bei Bastian kommt Gott in der Nacht, auch in der Bibel eine Zeit intensiver Gotteserfahrung (etwa im Traum oder bei Jakobs Ringen mit Gott, s. Genesis 32,23-33). In der »Offenbarung« gegenüber dem auserwählten Weisen stellt Gott sein Da-Sein für die Menschen über die Frage des Sehens und Nicht-Sehens, eine unübersehbare Parallele zur Offenbarung Gottes gegenüber Moses am brennenden Dornbusch (Exodus 3,1-15) in dem Gottesnamen *Jahwe*. Das hebräische Wort »Jahwe« meint keinen Begriff, sondern ein Ereignis und lässt sich nur in Form von Sätzen angemessen übersetzen: Ich bin der, der da ist, und ..., der ins Dasein setzt, ..., der immer für euch da sein wird. Auch Bastian beendet seine Geschichte mit dem Weitersagen: Diese Erfahrung und Botschaft Gottes kann der Mensch nicht für sich behalten!

Auch uns Erwachsenen tut es gut, sich mit dieser Geschichte über unsere Ahnungen und unser (vermeintlich) sicheres Wissen von Gott, aber auch von uns selbst zu befragen.

➤ **Die beiden Schöpfungsbilder malten zwei neunjährige Kinder. Jedes Kind bekam einen Poster-Ausschnitt des Bildes »Schöpfung« von Andreas Osterider, klebte es an einen selbst gewählten Platz auf einem DIN-A3-Blatt und gestaltete mit Pastell-Ölkreiden ein eigenes Schöpfungsbild. <u>STEPHAN</u> malte eine dunkel-aufgewühlte Szenerie in einem expressionistischen Stil. <u>JENNIFERS</u> farbenfrohes Bild erinnert mich an Bilder von Kandinsky. Das auf Stephans Bild noch gegenwärtige Chaos ist auf Jennifers Bild zu einer vielgestaltigen Harmonie geworden (s. auch Kap. 4).**

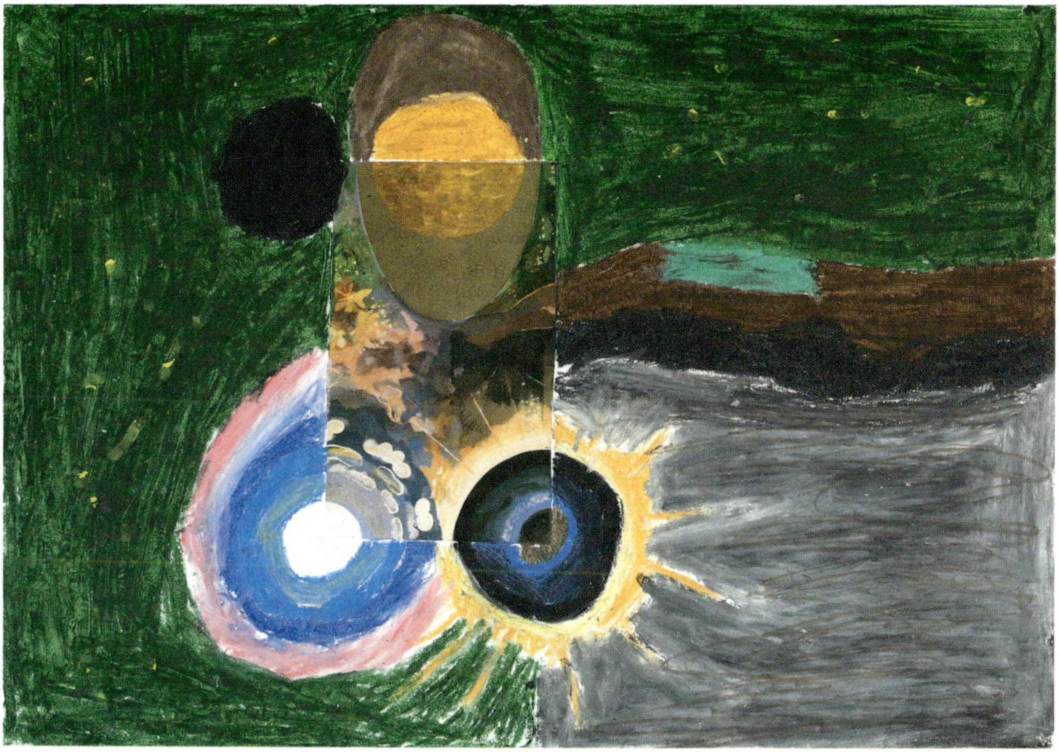

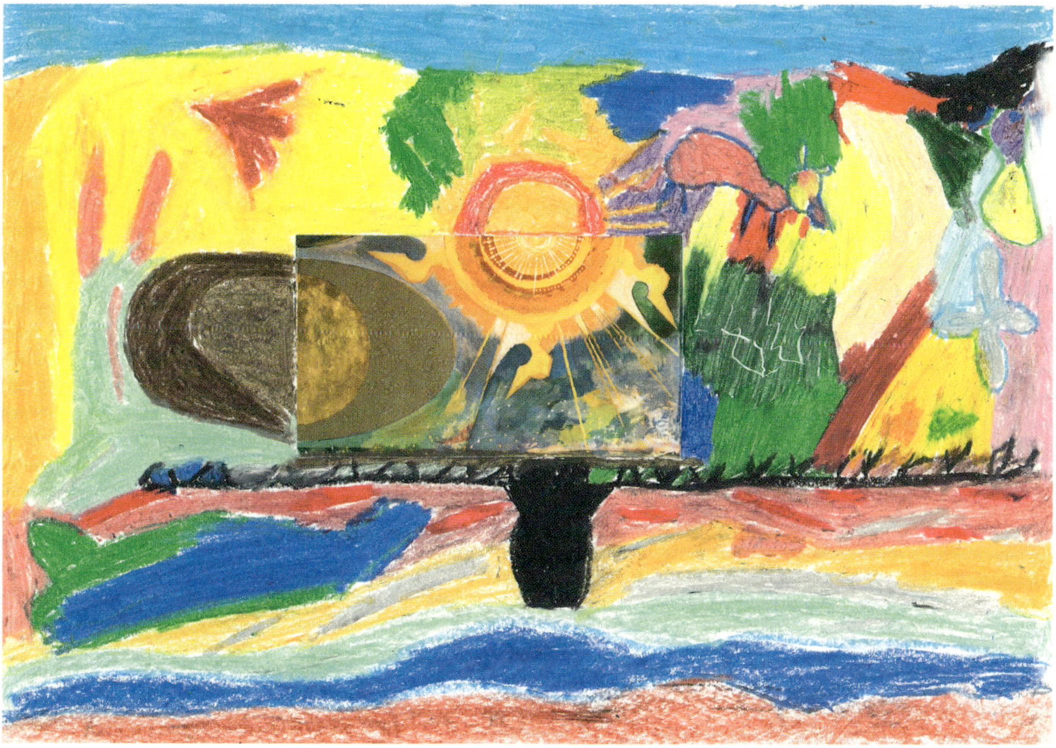

4. »Gott sagte: Findet es selber raus!«

Kinder erzählen vom Anfang, als die Welt noch jung war

Kinder im zweiten Schuljahr erzählen kleine Geschichten vom Anfang:

Ich erzähl' mal die Geschichte, wie die Welt entstanden ist: Es waren einmal große Staubwolken, die bildeten eine große Welt. Sie war feuerrot, dann wurde sie hart.

Ich erzähle euch mal, wie es in der Bibel steht: Am Anfang schuf Gott den Himmel und die Erde, die ganze Welt. Alles, was es gibt, kommt von Gott. Er hat es gemacht. Auf der Erde war es zuerst wüst und leer, es war ganz finster.

Die Welt war noch jung, es lebten Tiere darauf. Dann kam der Mensch. Er molk die Kühe, fütterte die Hühner und war gut zu den Tieren. Doch er konnte mit niemandem reden, nur mit sich selbst. Da stand eine Frau vor ihm und nun leben sie zusammen.

Es waren einmal ein Junge und ein Mädchen, die liebten sich sehr. Der Junge hieß Adam und das Mädchen hieß Eva. Adam sagte: »Wie, glaubst du, dass die Welt entstanden ist?« »Ich weiß es nicht so genau, aber vielleicht muss ja alles, was es gibt, noch etwas lernen.«

Die Welt ist aus Phantasie entstanden und aus Liebe entstanden, und man musste erst die Welt erforschen, weil die Welt voller Überraschungen ist.

Dieselben Kinder erzählen im vierten Schuljahr nochmals vom Anfang:

Als die Welt noch jung war

Es war einer der ersten Tage der Welt. Es war schwül, als die Sonne aufging. Muntere Vögel sangen ihre Lieder. Die Affen kletterten von Baum zu Baum. Die Fische schwammen froh durchs Wasser. Die Wolken zogen ihre Bahnen.

Es war ein schöner Tag, als Adam aufwachte. Er sah sich um. Er erfreute sich an den Vögeln, an den Affen, an den Fischen, an den Wolken. Er hatte so etwas noch nie gesehen. Dann entschloss er sich zu einem Spaziergang, um etwas zum Essen zu finden. Plötzlich sah er einen anderen Menschen. Sie hieß Eva, aber das wusste Adam nicht. Er ging näher zu ihr. Eva drehte sich um. Da sah sie ihn. Sie waren etwas erschrocken, als sie sich sahen. Adam fragte: »Wer bist du?« Eva sagte: »Ich bin Eva, und wer bist du?« Adam antwortete: »Ich bin Adam.« Plötzlich fing es an aus Kübeln zu schütten. Aber es war noch immer schwül. Adam und Eva rannten und suchten einen Unterschlupf. Sie fanden eine große Höhle. Sie rissen noch schnell ein paar Palmwedel ab und gingen in die Höhle. Sie legten die Palmwedel auf den Boden und setzten sich drauf. Adam sagte: »Ich finde dich nett.« Eva sagte: »Ich dich auch.« Sie verliebten sich und hatten bald zwei Kinder. Die erzählten ihren Kindern die Geschichte. Und diese Geschichte wird bis heute immer noch erzählt.

Eric

Als die Welt noch jung war

Eva erzählt: »Als die Welt noch jung war, gab es keine Autos, keine Schulen, keine Elektrizität und vieles andere nicht.« Ich finde vieles, was jetzt da ist, überflüssig. Das Paradies vermisse ich richtig. Als die Welt noch jung war, waren die Sträucher, Blumen und Bäume viel schöner als heute. Früher im Paradies regnete es nur abends, damit alles wachsen konnte. Die Menschen waren glücklicher, die Tiere waren zahmer, und es gab mehr Obst. Heute wächst es in Treibhäusern und früher wuchs es draußen. Auch die Menschen verstanden sich besser. Die Menschen arbeiteten nur für das, was sie brauchten, wie Kleider, Essen und noch ein paar Dinge. Heutzutage arbeiten die Leute für Luxus, Computer, Fernsehen, Fax, Radio und noch mehr. Wissenschaftler gab es auch nicht. Die Tiere sah man öfters, die Menschen waren mehr draußen. Es gab keine Straßen, die Menschen wohnten nicht in Häusern, sondern in Hütten und Höhlen. Das Essen wurde auf einem offenen Feuer gekocht. Wasser holten die Menschen aus den Bächen und Flüssen. Brunnen und Wasserleitungen gab es nicht. Die Menschen standen bei Sonnenaufgang auf und gingen bei Sonnenuntergang schlafen, deshalb brauchten sie kein Licht.

Katharina

Wie alles begonnen hat

»Als die Welt noch jung war, war sie nichts als ein Punkt im Weltraum, sie sah ganz grau und verlassen aus im Nichts«, sagte Anna, die mit ihrer Freundin Mona in ihrem Zimmer war. »Und dann?«, fragte Mona. »Dann flog Gott auf die Erde, und guckte sich um. Er konnte nichts sehen außer einem Bach. Aus der Erde kam Wasser in eine Erdkuhle. Gott dachte, wenn hier überall das Wasser entlang fließen würde, dann säh die Erde viel schöner aus, und machte die Erdkuhle größer und größer, und machte auch Bäche daran, bis fast überall Wasser war. Wo kein Wasser war, dachte er, kommen Büsche und Bäume hin. Aber irgendetwas fehlt noch, es muss noch irgendetwas Lebendiges hin. Er dachte nach, dann fiel ihm ein, dass er Tiere hierher bringen könnte, und so geschah alles. Als es so eine Zeit lang war, dachte Gott: Es müssten noch Menschen auf die Erde und machte aus Erde zwei Menschen: Adam und Eva, und die kriegten Kinder und so geschah alles«, sagte Anna. »Das war aber schön, die Geschichte gefällt mir«, sagte Mona. »Ja, dann ist ja alles gut«, meinte Anna. »Ich muss jetzt gehen«, erklärte Mona. »Tschüss, bis zur nächsten Geschichte«, sagte Anna.

Magdalena

Gott sagte: »Auf der Welt soll Leben sein!« Und er erschuf einen Planeten, der Erde hieß. Auf der Erde entwickelte sich Leben. Gott erschuf die Tiere, die Frau, den Mann und die Pflanzen und vieles, vieles mehr. Die Tiere und die Menschen bekamen Babys, und die Pflanzen verteilten die Samen und Früchte. Die Kinder der anderen Menschen bekamen auch Kinder, und die Tiere auch. So entwickelte sich das Leben bis heute, und so wird es hoffentlich immer sein!

Miras 1. Geschichte

Gott hat wahrscheinlich schon sehr viele Planeten erfunden. Es gibt den Mars, Venus, Saturn, Neptun und noch Millionen mehr. Einer der zivilisierten Planeten ist unsere Erde. Sie gibt es schon sehr, sehr lange. So ungefähr ist die Erde wohl entstanden: Gott hat unsere große Erde anscheinend gemacht. So sagen es die Wissenschaftler schon seit mindestens 10.000 Jahren, oder weniger. Durch einen so genannten Urknall entstand wohl die Erde. Keiner weiß so direkt, wie der Urknall entstanden ist. Die meisten Wissenschaftler glauben, dass tausend Stücke von mehreren Planeten abgebröckelt sind und diese Brocken bildeten innerhalb von Millionen Jahren die Erde. Zuerst gab es Wasser und Vulkane, dann ganz kleine Meerestiere, dann Dinosaurier und dann erst die bis heute gebliebenen Menschen. Manche Menschen glauben, dass die Welt einmal untergehen würde. Wie sie sich das erklären, weiß vermutlich keiner. Ob Gott wirklich die Erde erschaffen hat?

Miras 2. Geschichte

Es war einmal eine Erde, da lebten nur Tiere. Später hat Gott sich einen Menschen vorgestellt und dann aus Erde gemacht. Als der Mensch Gott gefiel, hat er den Menschen zum Leben erweckt. Gott hat zum Menschen gesagt: »Ich habe dich geschaffen, weil du mir helfen kannst, die Tiere zu füttern. Ich werde dir einen anderen Menschen machen, den du heiraten kannst. Es werden mehr und mehr Menschen auf die Welt kommen und mit euch Sachen erfinden, z. B. Häuser.« Adam fragte: »Was sind Häuser?« Gott sagte: »Sie sind da, um darin zu wohnen.« Gott erklärte den Menschen, wie man Städte bauen kann und Berufe lernen kann. Danach tat der Mensch alles,

was Gott ihm gesagt hatte. Und als er herausfand, wie man Werkzeuge herstellen konnte, konnte er sich schöne Häuser bauen.

Benjamin

Als die Welt noch jung war, da gab es alles nur einmal. Einen Elefanten, eine Giraffe, einen Menschen und alles andere auch nur einmal. Damals war Gott noch unerfahren und dachte: »Von jedem eins, das reicht doch, so kann ich mich an jeder Sache erfreuen.« Doch als die Tiere alt wurden, da starben sie, und alles war wieder einsam und leer. Gott machte eine neue Welt, aber diesmal machte er alles zweimal. Zwei Elefanten, zwei Giraffen, zwei Menschen und auch alle anderen Lebewesen zweimal. Die Tiere paarten sich und bekamen Kinder, die Kinder bekamen wieder Kinder und so entwickelte sich langsam aber sicher die ganze Welt.

Christine

Als die Welt noch jung war, lebten zwei Menschen auf der Welt. Sie hießen Adam und Eva. Die beiden verstanden sich gut. Einmal sagte Adam zu Eva: »Wer hat eigentlich die Welt erschaffen? Oder uns? Wer hat uns erschaffen?« Da sagte Eva: »Uns und die Erde hat Gott erschaffen.« »Gott? Nie gehört.« Eva sagte: »Doch, Gott lebt im Himmel. Er hat die Erde erschaffen. Er ist ein Beschützer.« »Aha! Jetzt verstehe ich es. Also Gott lebt im Himmel«, erwiderte Adam. »Ja, mit seinen Engeln. Die helfen ihm.« Ja, damals lebten sie im Paradies. Da war alles jung. Die Menschen, die Tiere, die Pflanzen, eben alles. Es gab auch noch keine Sachen. Sie bastelten sich alles. Aus Büschen, aus Bäumen, vielleicht auch aus toten Tieren. Doch dann auf einmal kam ein riesengroßer Knall. Alle fuhren erschrocken zusammen. Auch die Tiere. Dieser Knall war der Urknall. Es war nicht mehr diese Erde da, sondern eine neue Erde. Eine so genannte zweite Erde.

Anna-Katharina

Als die Welt noch jung war, da gab es nur Pflanzen, Bäume und Tiere. Aber Gott war das zu wenig, denn Tiere aßen Tiere, das wollte er nicht sehen, dass die Welt so enden sollte. So schaffte er Eva. Eva fand alles wunderschön, doch war sie einsam. Gott schaffte deshalb Adam. Eva war schon erwachsen, aber Adam war erwachsen geschaffen. Eva brachte ihm alles bei. Sie sahen, wie sich die Tiere vermehrten und fragten sich, warum sie sich nicht vermehrten. Gott sagte: »Findet es selber raus!«

Katrin

Wie Kinder zu Wort kommen

Die Geschichten der Kinder im 2. Schuljahr entstanden als erzählerische Zusammenfassungen am Ende einer Unterrichtsreihe zur Frage nach dem Anfang von Welt und Mensch. Vorausgegangen war eine intensive Auseinandersetzung:

Am Anfang stand das Nachdenken über die Fragen »Wer bin ich?« und »Woher kommt die Welt?«. Als »Einstieg« hatte ich den Kindern der Klasse zwei anonyme Briefe mit diesen Fragen geschickt (diese Idee übernahm Ben zu unser aller Überraschung zwei Monate später, schickte uns auch ähnliche Frage-Briefe ohne Absender und verriet sich über ein halbes Jahr nicht!).

Darauf folgte die Vergegenwärtigung der unvorstellbaren Zeiträume der eigenen Lebenszeit und der Existenz von Universum und Welt mit Hilfe von Zeitmodellen (zum Beispiel das Leben des Menschen auf einem Zeitstrahl – die Entstehung des Universums im 24-Stunden-Modell). Hierbei spielten die naturwissenschaftlichen Hintergründe eine wichtige Rolle.

Bei dem dann folgenden Umgang mit den biblischen Texten wählten wir zum einen Wege einer stark emotionalen Annäherung. So gestaltete jedes der Kinder eine Seite mit einem selbst ausgewählten Satz aus dem Schöpfungspsalm 104 und mit Bildern dazu. Beim Hören der priesterlichen Schöpfungserzählung stellten die Kinder sich mit geschlossenen Augen vor, wie sich die Welt immer weiter entwickelt haben könnte. Mit der Anregung eines Posterausschnitts malten die Kinder ihr eigenes Schöpfungsbild (Bilder wie auf Seite 32a). Zum anderen führten wir Gespräche über die Vereinbarkeit biblischer und naturwissenschaftlicher Sichtweisen. Die Kinder meinten etwa, die biblische Erzählung zeige, für Gott sei die Zeit eben ganz anders als für uns Menschen oder die Bibel sehe das »mit anderen Augen« als die Wissenschaftler. Wahr seien – so meinten alle Kinder – beide der folgenden Sätze: *Die Naturwissenschaften erklären, wie etwas war. – Die Bibel erzählt, wie wahr etwas ist.*

Schließlich lasen wir den Kindern die Geschichte »Als die Welt noch jung war« von Jürg Schubiger (aus seinem gleichnamigen Buch, Weinheim 1995, Beltz & Gelberg Verlag) vor: ein Gespräch zwischen zwei Menschen, die sich gegenseitig immer neu Paradiesgeschichten erzählen. Diese zugleich einfache und nachdenkliche, skurril humorvolle und wunderschön poetische Geschichte fordert geradezu auf, das Erzählen von Schöpfungsgeschichten immer weiter fortzusetzen, sich so eines Anfangs zu vergewissern und in der Erinnerung an eine Vergangenheit die Gegenwart aufmerksamer zu leben sowie die Zukunft zu gestalten. Die Kinder beschrieben die Erzählung treffend als eine Geschichte, die mit »Humor, Liebe und Phantasie« zugleich wahr und erfunden ist, und schrieben selbst solche Geschichten.

Zwei Jahre später blickten wir zurück auf diesen Unterricht, hörten nochmal die Geschichte von Jürg Schubiger und dieselben Kinder schrieben mit erweiterten sprachlichen Möglichkeiten neue Geschichten vom Anfang.

Eindrücke und Ideen

Kinder fragen nach sich selbst, ihrem eigenen Anfang, und sie fragen nach dem Ursprung der Welt, dem Anfang von allem. Diese beiden Aspekte der Frage nach dem Anfang beschäftigen und faszinieren die Kinder in ein und demselben Zusammenhang. Die philosophische, die naturwissenschaftliche und die religiöse Dimension dieser Fragen trennen sie in ihren Erfahrungen und in ihrem Denken kaum, in jedem Fall weniger als wir Erwachsenen. Deshalb gehören diese Dimensionen zusammen.

Die Kinder des 2. Schuljahrs schreiben individuelle kleine Geschichten, manchmal beeinflusst durch einzelne Momente der Erzählung Jürg Schubigers (»vielleicht muss ja alles, was es gibt, noch etwas lernen«), manchmal stärker geprägt durch die biblischen Geschichten. Sehr häufig erkennt man in diesen Geschichten zugleich die Freude am Phantasieren und den Ernst, der sich aus der Bedeutung der Frage nach dem Anfang ergibt.

Die Erzählfreude derselben Kinder zwei Jahre später möchte ich näher betrachten:

Die Kinder erzählen poetische und nachdenkliche Geschichten. Gottes Beziehung zur Erde und zu den Menschen wird liebevoll entfaltet (s. Mira, 1.). Adam und Eva nähern sich langsam (s. Eric). Es scheint aber auch die Zerbrechlichkeit dieses paradiesischen Gleichgewichts durch (»so wird es hoffentlich immer sein«). Die Frage nach dem Ursprung wird immer wieder gestellt, zum Beispiel zwischen Adam und Eva (s. Katharina) oder am Ende an den Hörer der Geschichte (s. Mira, 2.).

Die Kinder erzählen phantasievoll und dadurch sehr »undogmatisch«. Gott ist noch »unerfahren«, der erste Mensch ist bei ihnen wie bei Schubiger eher eine Frau. Häufig ist erst nur vom Menschen die Rede und später dann zugleich von Mann und Frau. Auch in der Bibel meint »adam«, der von der Erde (»adamah«) Genommene, den ganzen Menschen in seinem Wesen zu jeder Zeit, nicht einen Mann einer bestimmten Zeit.

Die Kinder erzählen ihre Geschichten tatsächlich als Geschichten. Mal ist es ein Mädchen, das der Freundin die Geschichte erzählt, mal erzählt Eva persönlich und durch die früh gesetzten Anführungsstriche äußert Katharina ihre kritische Einstellung zum Leben heute. Eric führt die bis heute erzählte Geschichte vom Anfang sogar auf Adam und Eva zurück, verdeutlicht damit auf seine Weise die Erzähltradition, in der diese Geschichte steht. Die Kinder schränken also die Geschichtlichkeit des Erzählten ein, sehen jedoch den glaubensgeschichtlichen Hintergrund ihres Erzählens.

Die Kinder verbinden ohne Schwierigkeit die naturwissenschaftlichen mit biblischen Gesichtspunkten. Sie können ohne Verstehensprobleme beides zusammen sehen. Bereits im 2. Schuljahr fragte ein Kind: »Wenn die Naturwissenschaftler erklären, das Universum ist aus dem Urknall entstanden, dann frage ich mich, warum gab es den Urknall, wer hat ihn gemacht?« Hier erreicht die Naturwissenschaft eine Grenze ihrer Antworten.

Die Kinder erzählen häufig Geschichten vom erwachenden Selbstbewusstsein der Menschen, die zunächst ziemlich naiv sind, doch beginnen, nach sich und der Welt zu fragen und das Leben selbst in die Hand zu nehmen. Darin bestärkt sie Gott: »Findet es selber raus!«

Geschichten vom mitlaufenden Anfang – aus biblischer Sicht und aus Sicht der Kinder

Das Fragen der Kinder nach dem Anfang von allem, ihre Vorstellung vom Anfang, ihr Verstehen des Anfangs und ihr Erzählen vom Anfang haben eine große Nähe zur biblischen Sicht des Anfangs. Wer vom Anfang erzählt, dabei aber nur einen Beginn in Raum und Zeit im Blick hat, wird sich dem Phänomen Anfang nur unzureichend nähern. Die lateinische Sprache benennt einen solchen Beginn in Raum und Zeit, der sich immer weiter von mir entfernt, mit dem Wort »initium«. Dagegen beschreibt das Wort »principium« einen Anfang, der mich begleitet und »mitläuft«, da er nicht Historisches, also Gewesenes, sondern etwas überzeitlich Wesenhaftes, immer Geltendes meint. Die biblischen Schöpfungserzählungen sind Geschichten von einem solchen »mitlaufenden Anfang« (Hubertus Halbfas). Sie faszinieren bereits durch ihre Eröffnung »Am Anfang ...« und geben so Raum für die Fragen von uns Menschen. Wie die Kindheit eines jeden Menschen »mitläuft«, ein Leben lang den Menschen begleitet und prägt, so erzählen die großen Geschichten vom Anfang eines jeden Menschen zu jeder Zeit, von seinem Wesen also. Was das Volk Israel durch die Zeiten erfährt, vergegenwärtigt es sich in solchen Geschichten. In diesen Urzeit-Erzählungen geht es »nicht um etwas, das irgendwann einmal in der Frühzeit der Menschheitsgeschichte geschehen ist, sondern um das, was gilt, seit und solange es Menschen gibt und geben wird: was Mensch-Sein zutiefst ausmacht und bestimmt ... Urzeit-Erzählungen erzählen nicht Einmaliges, sondern Erstmaliges als Allmaliges. Sie erzählen, was › niemals war und immer ist‹« (Erich Zenger).

Die Kinder des 2. Schuljahres überraschten uns am Ende des Unterrichts, als wir sie fragten: »Jemand hat einmal gesagt, die biblischen Erzählungen vom Anfang seien Erzählungen von einem › mitlaufenden Anfang‹. Ein Anfang, der mitläuft, was könnte das sein?«

– Es kommen ja immer wieder neue Menschen. Zuerst waren die ersten Menschen da, dann kommen neue, die alten leben irgendwie weiter.

– Wenn ich den ersten Finger hochnehme und dann immer einen dazunehme, dann kommen immer mehr Finger, was vorher da war, ist aber immer noch da.

– Das ist, wie wenn man ein Buch liest, man liest die ersten Seiten und auf jeder Seite fängt wieder etwas Neues an, aber die alten Seiten sind immer noch da.

– Immer fängt alles neu zu leben an, alle Bäume und Blumen sterben und dann kommt das Neue.

– Wenn ein Baum stirbt, dann ist er immer noch da. Es kommt von den Samen ein neuer.

– In jedem Jahr hat man immer wieder einen neuen Geburtstag.

– Dieselbe Musik kann man immer wieder neu hören, sie ist immer dieselbe und doch immer anders.

– Wenn man eine »Lego-Welt« aufbaut, dann baut man immer etwas Neues zu, aber auch Altes wieder ab, es verändert sich immer mehr, aber die Erinnerung an das Alte, die ist noch da. Wenn man morgens aufsteht, dann beginnt für mich ein neues Leben, doch das, was gestern war, bleibt.

5. »Die Seele ist eine Sonne im Menschen.«

Fragen und Deutungen zur Seele

1. »Brainstorming« zur SEELE in einem dritten Schuljahr an der Tafel

2. Ein Fragen-Gedicht

Seelen-Fragen

Was ist die Seele?
Wo ist die Seele?
Woher kommt die Seele?
Wie entsteht die Seele?
Wie sieht die Seele aus?
Wie groß ist die Seele?
Was macht die Seele?
Macht sie Angst?
Macht sie die Liebe?
Ist die Seele so etwas
wie das Herz?
Ist die Seele mit dem Herz
verbunden?
Ist sie in den Adern?
Braucht der ganze Mensch sie?
Braucht die Seele was?
Braucht die Seele Sonne?
Können wir ohne die Seele nicht
leben?

Kann man die Seele anfassen?
Kann man die Seele malen?
Kann man die Seele
nachmachen?
Hat die Seele Gefühle?
Tut die Seele weh?
Ist die Seele durchsichtig?
Ist die Seele empfindlich?
Ist die Seele zart?
Ist die Seele streng?
Ob die Seele Augen hat?
Ob die Seele Ohren hat?
Ob die Seele einen Mund hat?
Hat sie den Segen?
Hat sie was mit Gott zu tun?
Bedeutet das Wort Seele nicht
fast alles vom Menschen?

3. Kinder »erklären« einem Menschen das Wort »Seele«

»Eine Seele ist voll Liebe, Freundschaft, Gefühle, Herzlichkeit und Angst. Sowas Ähnliches wie das Herz ist die Seele, aber doch ganz anders.«	»Die Seele ist das, was den Menschen steuert. Es sind die Gefühle und das Leben. Die Seele ist zart und ist im Blut. Es ist die Angst. Die Stimme und das Herz gehören auch zur Seele.«
»Die Seele hat sehr viel mit Gott zu tun. Sie bedeutet Leben. Sie hat etwas mit Liebe und mit dem Körper zu tun. Sie ist im Bauch.«	»Die Seele ist von Gott, weil wir auch von Gott sind. Die Seele ist von mir, alle haben eine Seele. Die Seele ist für mich wie ein Gefühl.«
»Die Seele ist etwas, wo man seine ganzen Sorgen aufbewahrt. In der Seele ist das ganze Leben. In der Seele sind die ganzen Gefühle. Dort ist die ganze Fröhlichkeit.«	»Die Seele ist im Menschen drin. Die Seele ist eine Verbindung zu Gott. Die Seele ist zart. Die Seele ist ein Segen. Die Seele ist eine Freude.«
»Die Seele ist da, wo die Gefühle sind. Die Seele bringt Sonne in den Menschen. Die Leute, die keine Gefühle hätten, die wären nicht nett. Die Seele speichert wie ein Computer die Gefühle. Die Seele bedeutet Freundschaft. In der Seele fließen Angst und Liebe.«	»Die Seele ist eine Sonne im Menschen. Die Seele sind verschiedene Gefühle. Gott hat uns die Seele gegeben. Die Seele ist fast das ganze Leben. Die Seele kann man nicht mit den Augen sehen. Die Seele hat etwas mit der Kirche zu tun. Die Seele fängt vor der Taufe an.«
»Die Seele braucht der Mensch zum Leben. Sie ist voller Liebe und Verständnis. Wenn die Seele stirbt, dann stirbst du auch.«	»Die Seele ist so etwas wie das Leben. Vielleicht ist die Seele wir selbst. Wir selbst sind die Seele.«
»Eine Seele ist sowas Ähnliches wie ein Herz, aber es ist kein Herz. Es ist etwas anderes. In einer Seele stecken Liebe, Freundschaft, Denken, Schlafen, Gefühle und noch viel anderes. Eine Seele braucht man.«	»Die Seele ist das Teuerste, was man hat. Das Herz und die Seele gehören zusammen. Eine Seele ist voll Liebe. In einer Seele ist Freundschaft. In der Seele ist Gott. Die Seele ist etwas, womit man fühlt.«

4. Bens Bild zu einer eigenen Frage:

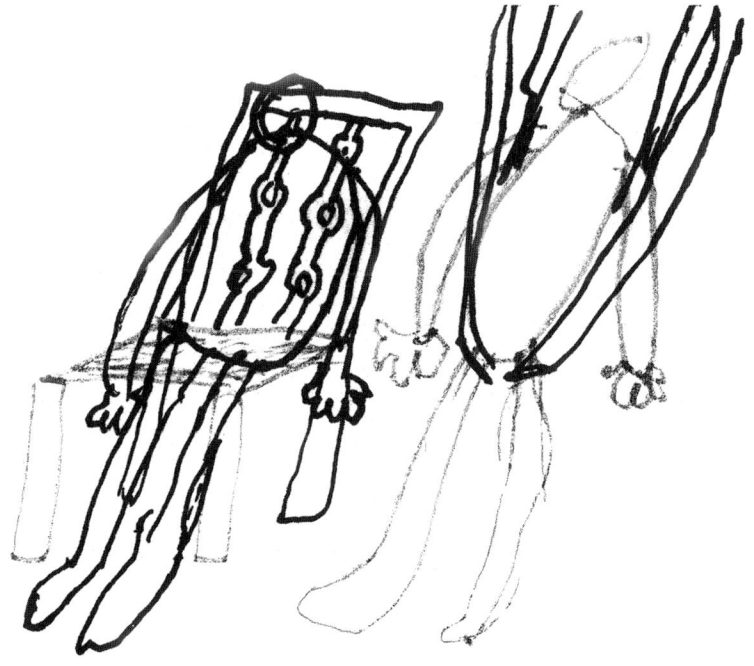

**»Wenn ich sterbe,
werde ich dann aus dem gezogen, der ich bin?«**

Wie Kinder zu Wort kommen

Alle diese Annäherungen an die Seele (1.-3.) schrieben die Kinder ohne ein
Wort der Erklärung und Vermittlung. Zunächst schrieb ich das Wort »Seele«
an die Tafel und forderte die Kinder auf, einzelne Wörter zu schreiben, die ihnen dazu einfielen. Still wurden vier Kreidestücke von Kind zu Kind weiter-
gegeben, so dass die Tafel schließlich voller Assoziationen zur Seele war (s. 1.):

sowohl auf den Körper als auch auf den Geist bezogene Vorstellungen, sowohl konkret als auch symbolisch zu verstehende Wörter, sowohl weltliche als auch religiöse Ausdrücke. Direkt anschließend wählten die Kinder vor dem Hintergrund der gesammelten Wörter eine der folgenden Aufgaben (s. 2. und 3.):

Schreibe alle deine Fragen auf, die dir zur Seele einfallen!
Erkläre einem Menschen, der alle Wörter kennt, aber nicht das Wort Seele, dieses Wort Seele!

Später malten sie zu einem ausgewählten Seele-Satz aus der Bibel ein Bild (s. Beispiele auf Seite 48a). Als einige Wochen danach die Kinder die Gelegenheit hatten, zu einem von »tausend Gedanken und Fragen, die ihnen im Kopf umherschwirren«, ein Bild zu malen, zeichnete Ben – ohne ausdrücklich das Wort Seele zu benutzen – sein Bild zu der selbst formulierten Frage zur Identität nach dem Tode (s. 4.).

Eindrücke und Ideen

Die Seele ist nach christlicher Vorstellung von Gott geschaffen und unsterblich; sie bestimmt die Einzigartigkeit eines Menschen. In der Erzählung von der Erschaffung der Menschen wird die persönliche Zuwendung des Schöpfers sehr konkret und zugleich sinnbildlich zum Ausdruck gebracht: »Da formte Gott den Menschen aus Erde vom Ackerboden und blies in seine Nase den Lebensatem« (Genesis 2,7). Als lebendige Seele ist der Mensch von Gott erschaffen und von daher offen für ihn. Die Seele ist entgegen einer weit verbreiteten (dualistischen) Auffassung christlich gesehen eben nicht etwas *neben* dem Körper Stehendes. Sie durchstrahlt den Körper; sie gehört zum ganzen Menschen. Die Botschaft von der Auferstehung sagt, dass die Seele im Tod unsterblich wird.

Das Wort Seele und das dahinter sich verbergende »Phänomen« übt auf Kinder eine ungeheure Anziehungskraft aus. Aus eigener Intuition nähern sich die Kinder der Seele über die Wortassoziationen in ihren Fragen und Erklärungen (s. 1.–3.) und sind dabei dem christlichen Verständnis der Seele erstaunlich nah. Sie wollen die Seele konkret im Körper »verorten« und »begreifen«, doch sie spüren die Unzulänglichkeit dieser Vorstellung. Sie relativieren ihre Aussagen: »so etwas Ähnliches wie das Herz, aber es ist kein Herz« – »doch ganz anders«. Sie beziehen die Seele zugleich auf die verschiedenen Sinnesorgane und vor allem auf die Gefühle des Menschen. Sie sprechen vielfach vom »ganzen Menschen«, der die Seele braucht, von den »ganzen Sorgen«, vom »ganzen Leben«, von den »ganzen Gefühlen«, der »ganzen Fröhlichkeit«. Ja die Seele ist sogar »fast das ganze Leben«. Sie bezeichnen die Seele als »von Gott«, als »Verbindung zu Gott« und als Ort Gottes. Teresa von Avila sagt: »In der Mitte der Seele ist eine Wohnung für Gott. Das große Entzücken, das die Seele empfindet, besteht darin, dass sie spürt, wie nahe sie bei Gott ist.«

Die Frage und das Bild von Ben (s. 4.) beeindrucken mich, weil er den Verlust und das Weiterbestehen seines Ichs zusammensieht und so weit mehr als eine Frage formuliert. Im Reden vom Sterben verbindet er durch das dreifach genannte »Ich« die Beständigkeit seiner Existenz mit dem Prozess des Wandels. Auch sein Bild zeigt einerseits das Zurückbleiben der sterblichen Hülle auf dem Stuhl, andererseits in der angedeuteten blass-grauen Gestalt die »Leiblichkeit« der an das alte Ich anknüpfenden und neuen Identität. Aus der Frage und dem Bild kann Hoffnung erwachsen. Diese Perspektive entspricht der christlich-jüdischen Glaubensüberlieferung. Der Tod ist nicht das Ende, auch nicht ein Eingehen in einen gesichts- und geschichtslosen Zustand, in eine Art »geistige Ursuppe«, sondern ein neues Leben in Kontinuität zum alten, ein neuer Anfang, bei dem der erste Anfang mitläuft (s. Kap. 4), dessen Andersartigkeit unbeschreiblich bleibt, aber meine Einzigartigkeit nicht verlöscht.

Magdalena zu: *»Darum sollst du den Herrn, deinen Gott, lieben mit ganzem Herzen, mit ganzer Seele und mit ganzer Kraft.«* *(Deuteronomium 6,5)*	*Kian zu:* *»Meine Seele, warum bist du so betrübt und bist so unruhig in mir?«* *(Psalm 42,6)*
Ruth zu: *»Ein Mund, der lügt, tötet die Seele.«* *(Weisheit 1,11)*	*Katharina zu:* *»Nach deiner Hilfe sehnt sich meine Seele.«* *(Psalm 119,81)*

➤ Die Kinder malten im 3. Schuljahr diese ausdrucksstarken Pastell-Ölkreiden-Bilder zu einem selbst gewählten Bibelsatz zur Seele (s. Kap. 5). Die Seele kommt als etwas zugleich Sichtbares und Unbegreifbares ins Bild. Sie steht in Verbindung mit allen Teilen des Menschen, also zu dem ganzen Menschen (<u>MAGDALENA</u>). Die Seele ist gefährdet durch die dunkle, wie der Blitz einschlagende Trauer (<u>KIAN</u>) und durch das »Kreuz« der Lüge (<u>RUTH</u>). Sie braucht Kraft und Hilfe von außen, wenn das Herz Kopf steht (<u>KATHARINA</u>).

6. »Ich halt mich an der Freude fest, trotzdem siegt manchmal die Angst.«

Kinder füllen die »Zwei Taschen« des weisen Rabbi Bunam

Zwei Taschen

Rabbi Bunam sprach zu seinen Schülern: »Jeder von euch muss zwei Taschen haben, um nach Bedarf in die eine oder andere greifen zu können: In der rechten liegt das Wort: ›Um meinetwillen ist die Welt erschaffen worden‹, und in der linken: ›Ich bin Erde und Asche‹.«

Wie »Rabbi Bunam« mit einem Mantel bekleidet, erzählte ich den Kindern diese chassidische Geschichte – überliefert von Martin Buber (Die Erzählungen der Chassidim, Zürich 1992, Manesse Verlag, S. 746) – und zeigte ihnen dabei meine zwei Sätze, die auf Karten gedruckt in meinen Taschen verborgen waren: zuerst die rechte, dann die linke.

»Ich bin Erde und Asche.«	»Um meinetwillen ist die Erde erschaffen worden.«

Die Kinder verstanden die Sätze und erkannten, dass sie erst zusammen eine Hilfe zum Leben sind. Mit nur einem der Sätze werde man überheblich und größenwahnsinnig bzw. fühle sich völlig ohnmächtig und hilflos. Daraufhin las ich weitere Sätze aus der Bibel vor und alle Kinder zeigten mir mit Handzeichen jeweils an, in welche der Taschen sie wohl gehörten.

Ich habe keine Kraft, ich bin völlig zerschlagen. *Psalm 38,9*	*Wenn du willst, kannst du weise werden. Du wirst klug, wenn du dein Herz darauf richtest.* *Jesus Sirach 6,32*
Ich bin so einsam und mir ist so elend. *Psalm 25,16*	*Du bist in meinen Augen wertvoll und herrlich.* *Jesaja 43,4*
Die Angst meines Herzens ist groß. *Psalm 25,17*	*Hebt eure Augen in die Höhe und seht: Wer hat die Sterne dort oben erschaffen?* *Jesaja 40,26*
Mit betrübter Seele will ich klagen. *Ijob 7,11*	*Von dir kommt alles Leben.* *Psalm 36,10*
Ich bin wie ein zerbrochenes Gefäß. *Psalm 31,13*	*Mein Herz ist bereit, dass ich singe und lobe.* *Psalm 57,8*
Große Mühen sind allen Menschen zugemutet: ihr Grübeln und die Angst ihres Herzens, der Gedanke an die Zukunft, an den Tag ihres Todes. *Jesus Sirach 40,1-2*	*Du hast mich gebildet im Mutterleib. Ich danke dir, dass ich so wunderbar gestaltet bin. Staunenswert sind deine Werke.* *Psalm 139,13-14*
Wie lange noch muss ich Schmerzen ertragen in meiner Seele? *Psalm 13,3*	*Wir alle spiegeln mit enthülltem Gesicht die Herrlichkeit Gottes wider.* *2 Korinther 3,18*

Die letzten beiden Bibelsätze ordneten die Kinder – wie erwartet – beiden Taschen zu. Ich hängte meinen Mantel über einen Stuhl und legte die Satzkarten »zwischen« die Taschen auf die Sitzfläche:

> *Auch wenn der Mensch viele Jahre zu leben hat,*
> *freue er sich in dieser ganzen Zeit,*
> *und er denke zugleich an die dunklen Tage.*
> Kohelet 11,8

> *Am Abend mag man wohl weinen,*
> *doch morgens kommt wieder die Freude.*
> Psalm 30,6

Nun »füllten« die Kinder die beiden Taschen mit ihren eigenen Sätzen, bei denen sie sich von der Sprache der Bibel anregen lassen konnten. Die folgende Auswahl ist in der Abfolge thematisch geordnet und führt nebeneinander oft die Sätze desselben Kindes auf. So lässt sie sich von Zeile zu Zeile oder von der linken zur rechten Spalte lesen. Beide Lesarten ergänzen sich.

Ich bin klein und unscheinbar.	Ich bin groß und auffällig.
Ich fühle mich wie ein Bettler, der hilflos durch die Gegend läuft.	Ich fühle mich wie ein König, der auf seinem Thron sitzt.
Ich bin wie ein Licht, das erlöscht ist.	Ich bin ein helles Licht, das den Raum erleuchtet.
Bei Dunkelheit ist Angst nicht fern.	Ich bin wie die Sonne.
Die Dunkelheit kommt, jetzt bin ich des Todes.	Die Sonne glänzt, genau wie ich.

Ich schaffe sowieso nichts, warum muss ich dann anfangen?	Ich habe Mut, und werde es schaffen.
Ich fühl mich schwach und hoffnungslos.	Wenn Gott bei mir ist, fühle ich mich so stark, dass ich denke, alles zu schaffen.
Ich bin wie eine verwelkte Blume.	Ich bin wie die blühenden Blumen.
Ich bin wie Nebel, der sich in Luft auflöst.	Ich bin wie das gereifte Obst.
Ich bin wie eine Wolke, die sich ausgeregnet hat.	Ich bin ein Leben von Gott.
Ich bin wie Kreide, die sich in Staub auflöst.	Ich bin wie Gott und die Welt.
Meine Glieder sind schwach, sie fühlen nichts mehr.	Ich habe Gottes Gesicht und Gottes Herz.
Mein Herz tut weh und meine Seele ist verletzt.	Ohne Herz sind wir Stein.
Manchmal ist es, als wäre ein Stein auf meinem Herz. Ich kann keine Freude teilen.	Mit einem Herz sind wir wieder.
Ich bin wie ein großes Loch.	Bewundert meine Herrlichkeit und Pracht.
Ich fühle mich wie ein schwaches Nichts.	Wegen mir ist alles geschaffen.
Noch gehöre ich auf die Welt, aber nicht mehr lange.	Gäbe es mich nicht, gäbe es die Welt auch nicht.
Ich bin wie eine Sonne, die untergeht.	Die Sonne geht auf. Ich freue mich meines Lebens.
Die Trauer versiegelt mich bis zum Ende.	Die Freude steigt mir bis zum Kopf.
Die Trauer spielt bei mir im Herzen.	Du bist bei mir, die Freude umringt mein Herz.

Alles auf der Welt geht in den Tod.	Lachen ist Leben.
Alle Blumen verwelken auch mal.	Leben heißt Blühen.
Alle Menschen gehen auch in den Tod.	Du gabst mir Leben, darum danke ich dir.
Ich bin nur tot.	Ich sage: »Danke!«

Aber auch der Bereich »zwischen« den Taschen – Sätze, die die Größe und die Begrenztheit des Menschen zusammen in den Blick nehmen und zum Ausdruck bringen – wurde berücksichtigt.

Ich bin schwach,
aber doch stark.

Ich bin traurig,
aber fröhlich, wenn du mich umarmst.

Ich bin für andere da,
aber andere nicht für mich.

Ich suche andere,
aber andere suchen mich nicht.

Ich halt mich an der Freude fest,
trotzdem siegt manchmal die Angst.

Ich bin
wie eine Armbanduhr ohne Batterie.

Ich bin
wie ein Füller, wo die Tinte leer geht.

Ich bin ruhiges Wasser,
aber ich fühle mich wie die stürmische Flut.

Manchmal fühle ich mich wie Gott,
manchmal aber wie ein Bettler.

Am Abend bist du traurig,
aber am Morgen bist du wieder fröhlich.

Lachen vergeht
mit Weinen.

Mein Weinen vergeht
durch Lachen.

Wir Menschen sind wie Kohlen,
sie verbrennen zwar,
doch schenken sie anderen Wärme.

Kerzen sind wie Menschen,
sie werden immer kleiner, wenn sie brennen,
doch schenken sie der Welt ein Licht in der Finsternis.

Eine Kerze ist schwach.
Viele Kerzen sind stark.

Ich erfreue mich an deinem Licht,
wenn du scheinst,
denk ich auch an die dunklen Seiten.

Der Hass im Menschen ist groß,
aber die Liebe überragt alles.

Das Leben im Tod
ist gut.

Das Leben ist schön,
der Tod muss sein.

Ich freue mich aufs Leben,
also auch auf den Tod.

Ich habe Angst zum Sterben
und Mut zum Auferstehen.

Eindrücke

Was die Kinder in einfacher Sprache, aber auch in vielschichtigen Metaphern, in ihrer Bereitschaft zum Zusammenführen von »Gegensätzen« so eindrucksvoll zum Ausdruck bringen, unterstützt und erweitert meine Erwachsenen-Sicht auf die chassidische Geschichte, die Martin Buber aus der jüdischen Tradition überliefert hat: Rabbi Bunam, der jüdische Lehrer, führt mit dem Inhalt der beiden Taschen die Spannbreite menschlicher Erfahrungen sowie biblischer Glaubensvorstellungen vor Augen. Das erste Wort (aus dem Talmud, der nachbiblischen jüdischen Überlieferung) betont die Würde und Größe des Menschen, seine Ebenbildlichkeit gegenüber Gott und sein Selbstbewusstsein innerhalb der Schöpfung Gottes. Das zweite Wort (aus Genesis 18,27) stellt die Vergänglichkeit des Menschen heraus, sein Werden und Vergehen, seine relative Winzigkeit innerhalb der zeitlichen und räumlichen Unendlichkeit des Universums. Die Geschichte beschreibt die Spannung und Zwiespältigkeit menschlicher Welt- und Gotteserfahrung, die wir aushalten sollten,

damit der Mensch weder unterdrückenden Gefühlen der Ohnmacht ausgesetzt ist, noch einem übersteigert allmächtigen Größenwahn verfällt,

damit er seine Möglichkeiten sieht, aber auch seine Grenzen realistisch einschätzt,

damit er Lebensfreude erfahren kann, ohne die oft auch leidvolle Wirklichkeit auszublenden,

damit Gott für ihn weder angstfixiert zum strafenden Tyrannen noch wunschfixiert zum Erfüller aller eigenen Bedürfnisse wird.

7. »Gott ist weit, aber mir nah.«

Von Gott mit doppeltem Sinn reden

Schreibe Sätze über Gott mit doppeltem Sinn wie zum Beispiel:

**Gott ist kein mächtiger König,
aber er ist stark, weil er sich klein macht.**

**Gott ist keine mächtige Stimme,
sondern eine verwundbare Stille.**

**Gott ist nicht die Antwort auf alle Fragen,
aber er ist bei allen, die nach ihm fragen.**

Kinder eines vierten Schuljahrs:

Gott selber hat keine Leiden,
aber er leidet unter dem Leid der Menschen.

Gott hat kein Ende,
aber es ist für ihn wie ein Ende, wenn einem Menschen das Ende naht.

Gott kann uns nicht in die Hand nehmen,
aber er führt uns trotzdem durch das Leben.

56

Wir können zu Gott sprechen,
aber er kann uns nichts sagen.

Gott kann alle Menschen trösten
und muss nicht groß sein.

Gott ist groß,
auch im kleinsten Tier.

Wenn man Gott sehen will,
sieht man ihn nicht,
aber wenn man ihn braucht,
dann sieht man ihn.

Gott ist ein leuchtendes Licht,
auch für die Menschen,
um die es dunkel ist.

Gott steht, aber geht,
Gott kommt, Gott geht.

Gott ist nicht da, aber da.
Gott ist still, aber spricht.

Gott ist weit,
aber mir nah.

Kinder eines dritten Schuljahrs:

Man kann Gott zwar nicht sehen,
aber man kann Gott in Träumen
hören.

Gott ist still,
aber er kann mit den Menschen reden.

Gott ist kein Lebewesen,
aber er ist verletzbar.

Gott ist nicht zu sehen,
aber in Gedanken sieht man ihn doch.

Gott ist immer bei dir,
nur du merkst es nicht.

Gott lässt Menschen sterben,
aber er lässt uns trotzdem leben.

Gott ist kein weiter Herrscher,
sondern eine weitergebende Liebe.

Gott kann man nicht fühlen,
aber ich kann es in der Seele fühlen.

Gott ist hier,
obwohl er sich nicht zeigt.

Gott ist sehr hoch am Himmel,
ist aber ganz nah bei mir.

Gott ist klein,
aber groß in der Liebe.

Gott ist nicht überall,
aber bei jedem in der Nähe.

Wir können Gott nicht sehen,
aber er hinterlässt seine Spuren.

Wie Kinder zu Wort kommen – Eindrücke und Ideen

Eine paradoxe Aussage ist eine widersprüchliche Aussage, die aber bei genauerem Hinsehen auf eine höhere Wahrheit hinweist. Diese Wahrheit zeigt sich darin, dass die Gegensätze doch beide gelten. So ist die paradoxe Rede die vielleicht angemessenste Form, von Gott zu sprechen. Die oben stehende Schreibanregung mit den die Vorstellungskraft weckenden Beispielen lasen die Kinder des 4. Schuljahrs im Rahmen einer Unterrichtsreihe zur Frage nach Leid und Gott (s. Kap. 11). Kindern im 3. Schuljahr legten wir später denselben Impuls außerhalb einer Unterrichtsreihe vor.

»Gott ist weit, aber mir nah«: Sechs Worte eines zehnjährigen Kindes, die mehr sagen als manche theologische Abhandlung. Ihre verblüffende Wirkung erzielen sie durch die Verknüpfung der Gottesrede mit der persönlichen Erfahrung mit Hilfe des gegensätzlichen Begriffspaares »weit-nah«. Die Kinder haben die angebotenen Sätze von Gott mit doppeltem Sinn schöpferisch aufgegriffen und in Sprachspielen weitergeführt: als bloße Verneinung einer Aussage, als Relativierung der Feststellung durch ein »aber«, »dennoch« oder »trotzdem« oder als vielschichtiges Wortspiel mit immer demselben Wort (»Leiden« oder »Ende«). Unabhängig von diesem unterschiedlichen Niveau sind alle Sätze eindrucksvoll.

Die Gottessätze beziehen sich auf die Fragen der Kinder:

- Wie ist Gott da, obwohl wir ihn nicht sehen können?

- Wie können wir Gott in unserem Leben erfahren und erkennen?

- In welcher Beziehung steht Gott zu uns Menschen?

- Wie können wir uns seine Größe vorstellen angesichts des Leidens auf der Welt?

Die Kinder finden erstaunliche Antworten auf diese Fragen und verweigern sich einer allzu einfachen Rede von einem Gott, der die Menschen als liebender Vater vor allem Leid bewahrt, sie in all ihrem Tun bestätigt, der überall (und nirgends) ist: »Gott ist nicht überall, aber bei jedem in der Nähe.« Das ist die im tiefsten Sinne biblische Vorstellung der Anwesenheit Gottes, wie sie im Heiligtum der Bundeslade symbolisch dargestellt wird. Die Bundeslade führte das wandernde Volk Israel mit sich und bewahrte sie später im Tempel von Jerusalem. Sie ist ein schlichter Kasten, den zwei Engelsfiguren überragen und einrahmen. Ihre Flügel berühren sich über dem Deckel. Der Ort Gottes ist der leere Raum über dem Deckel zwischen den Engeln. Zwei Tragestangen aus Akazienholz stecken in Ringen an dem Kasten und dürfen niemals herausgezogen werden, denn die Anwesenheit Jahwes ist immer »vorübergehend«. Gott ist verborgen da, im offenen Raum, immer an einem Ort und dieser Ort ist bei den Menschen: »Gott ist nicht überall, aber bei jedem in der Nähe.«

Das Wissen der Kinder rührt wieder einmal an die Tiefe unseres Lebens. Wie sähen Ihre paradoxen Aussagen über Gott aus?

8. »Eine Welt ohne Zeit ist wie ein Körper ohne Herz.«

Gedankenspiele und Gebete zur Zeit

1. »Wenn die Zeit anders wäre ...« – Gedankenspiele der Kinder zur Zeit

Was ist Zeit? Sie ist uns vertraut und fremd zugleich. Augustinus, ein berühmter Kirchenvater, meinte vor Jahrhunderten zur Frage nach der Zeit: »Wenn niemand mich danach fragt, weiß ich es, will ich es aber einem Fremden erklären, weiß ich es nicht.«

Vielleicht kommen wir der Zeit, wie wir sie erleben, etwas näher, wenn wir uns eine Welt vorstellen, in der die Zeit anders ist. Anregungen dazu geben die folgenden »Zeitexperimente«. Lies einige der Karten durch, wähle eine aus, die dich anspricht, und schreibe eigene Gedanken oder eine Geschichte aus dieser anderen Welt auf. Möchtest du in dieser anderen Zeit-Welt leben? Überlege, was dir daran gefällt und was nicht!

Stell dir eine Welt vor, in der die Zeit ein Kreis ist. Sie ist in sich gekrümmt und kommt immer wieder zum selben Punkt zurück, sodass sich die Welt endlos wiederholt ...

Wenn die Zeit ein Kreis wäre, würde man alles mehrmals erleben, man würde nie wachsen und man hätte nie Geburtstag. Vielleicht gäbe es uns Menschen ja gar nicht oder es gäbe gar nichts.

Aline

Die Zeit ist endlos. Sie geht einfach nie zu Ende. Ist die Zeit schon mal stehen geblieben? Sie kommt immer wieder zurück, wo sie angefangen hat. Zum Anfang. Ist im Kreis ein Riss, sodass der Kreis unterbrochen wird? Wenn es das gäbe, dann ging die Zeit nicht weiter. Dann ist alles unterbrochen. Dann muss der Kreis wieder repariert werden. Vielleicht von Gott.

Anna-Katharina

Stell dir eine Welt vor, in der die Zeit wie der Raum drei Richtungen hat. So wie sich ein Mensch im Raum geradeaus, zur Seite und nach oben bewegen kann, kann er auch an drei verschiedenen Arten der Zukunft teilhaben. Bei jeder Entscheidung spaltet sich die Welt in drei Welten auf ...

Wenn ein Mann in dieser Welt mit dieser Zeit leben soll, muss er immer aufpassen, dass er alles richtig macht, zum Beispiel er will einen Lutscher kaufen und Billard spielen, was soll er zuerst machen? Dann bei der nächsten Entscheidung wieder und wieder und wieder, nachher ist die Zeit in 100 Teile gespalten.

Ben

Stell dir eine Welt vor, in der es zwei Zeiten gibt: eine mechanische Zeit, die von der Uhr gemessen wird, die starr und vorhersagbar ist, und eine Körperzeit, die jeder einzelne Mensch empfindet und fühlt, die mal so, mal anders vergeht ...

Das wäre sehr schlecht, weil die eine Hälfte von der Erde sich auf die eine Zeit einrichten würde. Dann wäre alles durcheinander. Ich würde nicht gerne in dieser Welt leben.

Jonathan

Stell dir eine Welt vor, in der die Zeit langsamer fließt, je weiter man vom Mittelpunkt der Erde entfernt ist. Die Menschen werden in den Bergen langsamer alt als im Tal ...

Ein Mann wohnte in den Bergen, dort wo die Zeit langsamer vergeht. Er war zwar ein Opa, aber erst vierundzwanzig. Er wohnte ganz allein dort oben, weil er allein das Geheimnis von dort wusste. Seine Tochter hatte schon eine Familie und die wunderte sich darüber. Doch dann glaubten sie, man würde jünger, wenn man dort wohnte. Sie erzählten es allen und nun wollten alle dahin ziehen. Das gab ein riesengroßes Chaos, die Berge waren voller Menschen. Doch nun konnten die Kinder nicht mehr richtig wachsen und eine Familie nach der anderen zog wieder ins Tal. Und am Ende lebte nur noch der alte Mann in den Bergen.

Julia

Stell dir eine Welt vor, in der die Zeit Sekunde für Sekunde festliegt und für alle gleich vergeht. Die Zeit ist regelmäßig, verlässlich und vorhersehbar, an ihr ist nicht zu zweifeln. Sie ist in ihrer Vollkommenheit wie von Gott geschaffen ...

Ich finde es gut, dass es so eine Zeit gibt.

Katharina

Stell dir eine Welt vor, in der der Ablauf der Zeit mit wachsender Ordnung verbunden ist. Die Vergangenheit ist Zufall, Chaos und Zerfall; die Zukunft bedeutet Ordnung, auch wenn die Menschen gar nichts dafür tun ...

Ich fände das gut, wenn das so wäre. Ja, weil ich immer so ein Chaos habe und ich wünsche mir immer, dass ich ein bisschen ordentlicher bin, ich versuche es immer, aber es klappt nicht. Aber wenn das so wäre, dann würde es vielleicht klappen. Sowieso fände ich das gut, weil dann etwas mehr Ordnung herrschte.

Magdalena

Stell dir eine Welt vor, in der es einen Mittelpunkt der Zeit gibt, von dem aus sie sich in Kreisen ausbreitet. In diesem Mittelpunkt steht die Zeit still, mit wachsender Entfernung vom Zentrum der Zeit nimmt auch ihre Geschwindigkeit zu. Wer ist wohl bei diesem Mittelpunkt zu finden? Wer wird ihn meiden?

Der Mittelpunkt der Erde. Wer bis zu ihm kommt, wird sehr langsam sein, sonst wird er nie dort ankommen. Nur die Langsamen erreichen ihr Ziel.

Philipp

Stell dir eine Welt vor, in der den Menschen die vergangene Zeit nicht in Erinnerung bleibt, eine Welt ohne Gedächtnis ...

Wenn Menschen kein Gedächtnis haben, haben sie keine Phantasie. Sie können sich nur auf den nächsten Tag freuen. Und sie können nicht sagen: »Das war der schönste Tag meines Lebens.«

Sebastian

Stell dir eine Welt vor, in der die Menschen ewig leben. In jeder Stadt gibt es die Spätermenschen, die keine Eile haben zu lernen und zu leben, und die Jetztmenschen, die rastlos bemüht sind, die unendlichen Möglichkeiten des Lebens auszukosten ...

Die Spätermenschen ohne Eile,
die Jetztmenschen sind Gegenteile,
die Spätermenschen haben weit,
die Jetztmenschen hab'n keine Zeit,
die Spätermenschen haben genug,
die Jetztmenschen sind dafür klug,
um zu leben und zu hoffen,
dass Spätermenschen als Genossen
nur müde sind und gar nichts tun
als sich einen Tag lang auszuruhn.

Christine

Magie der Farben

Gottes Atem hin und wider,
Himmel oben, Himmel unten,
Licht singt tausendfache Lieder,
Gott wird Welt im farbig Bunten.

Weiß zu Schwarz und Warm zum Kühlen
Fühlt sich immer neu gezogen,
Ewig aus chaotischem Wühlen
Klärt sich neu der Regenbogen.

So durch unsre Seele wandelt
Tausendfalt in Qual und Wonne
Gottes Licht, erschafft und handelt,
Und wir preisen Ihn als Sonne.

Hermann Hesse

Das Symbol des Regenbogens hatte uns einige Wochen fasziniert, als die Kinder des 2. Schuljahrs die Aussage eines Mädchens hörten: »Gott sieht man nicht, aber seine Farben sieht man.« Nun sahen sie ein modernes Regenbogenbild: ein Ölbild von Ruth Oberthür, gemalt nach einem Bild von Robert Delaunay, bei dem die Farben zerlegt sind und um eine Sonne in der Mitte kreisen. Die Kinder malten mit Wasserfarben ihr eigenes Regenbogenbild. Dann unterstrichen sie im Gedicht »Magie der Farben« von Hermann Hesse einzelne Wörter oder Sätze und erläuterten ihr Bild.

BENJAMIN unterstrich im Gedicht: »Gottes ... Himmel oben, Himmel unten ... wird Welt im farbig Bunten ... Klärt sich neu der Regenbogen ... Gottes ... Sonne.« Als Gedanken zum Bild fügt er hinzu: »Gott sieht man nicht, aber seine Farben sieht man. Der Regenbogen ist im Bild versteckt. Gottes Bild.«

MIRA hat im Gedicht unterstrichen: »Tausendfalt in Qual und Wonne ... Und wir preisen Ihn als Sonne.« Sie erklärt: »Die Farbenschnecken sind ein Bund von Gott, sie zeigen die Farben des Regenbogens. Die Sonne zeigt: Gott schickt uns den Tag! Der Mond bedeutet: Gott schickt uns die Nacht! Der Stern mit dem Kreuz ist ein Lebenszeichen. Was so aussieht wie ein Riesenrad, soll der Weg zu Gott sein. Das Braungrüne soll ein Friedenszeichen sein. Die bunten Farben zeigen: Immer näher kommen wir Gott entgegen.«

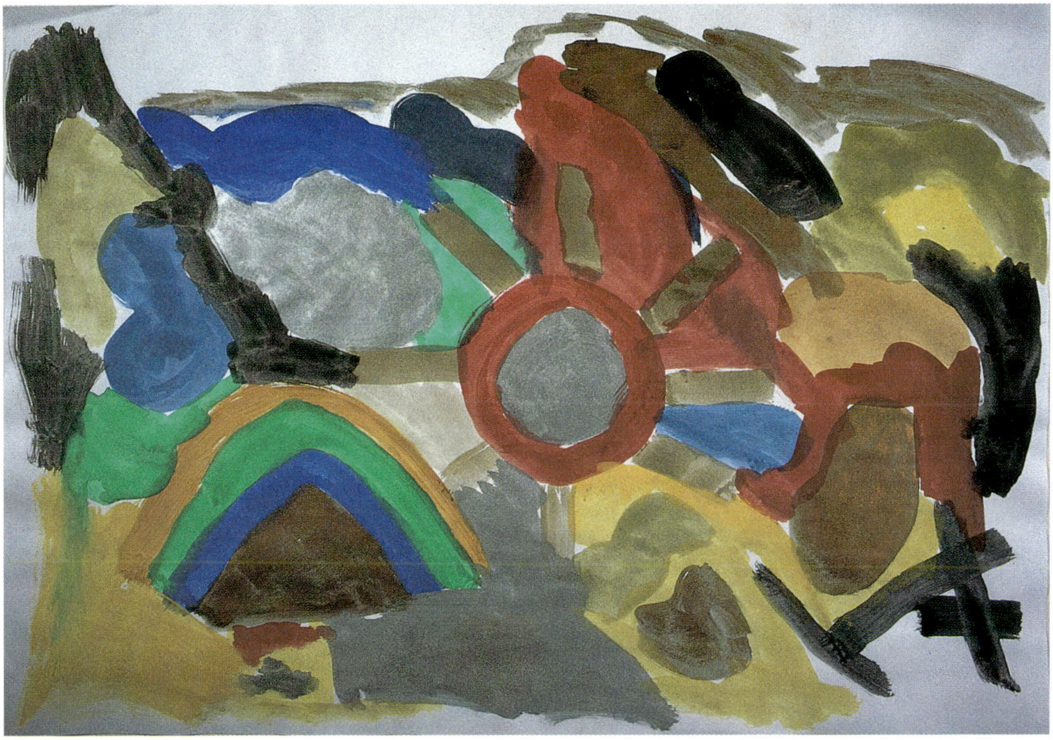

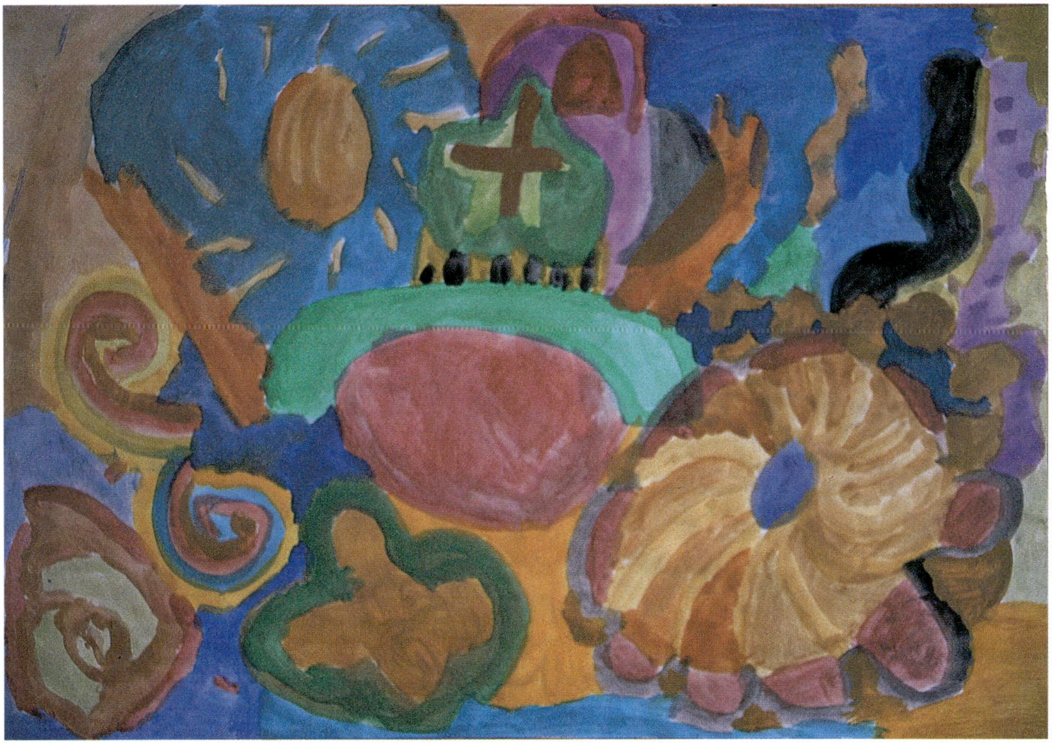

Dann würden alle Menschen nur schnell machen. Alle Gemütlichen würden zu Rasern. Man müsste 11 Minuten schlafen. Die Leute, die samstags geboren werden, würden dumm sterben. Es gäbe keine Babys, weil sie ja nur 24 Stunden leben würden. (Wo kommen sie eigentlich her?)

Eric

Stell dir eine Welt vor, in der die Zeit ein Sinneseindruck ist wie das Sehen, Hören oder Schmecken. Eine Folge von Ereignissen kann als schnell oder langsam, salzig oder süß, geordnet oder zufällig wahrgenommen werden, je nachdem, wie du sie empfindest ...

Ich denke, schöne Ereignisse sind süß, langsam und man kann sie hören. Und schlechte Ereignisse sind schnell, sauer und man kann sie sehen. Dazwischen sind die Ereignisse zu schmecken und zwar bitter.

Ben

Stell dir eine Welt vor, in der die Zeit rückwärts fließt. Die Menschen leben vom Tod bis zu ihrer Geburt ...

Es gibt eine Stadt, die heißt Ahrabu. In dieser Stadt gibt es einen Friedhof. Jeder Mensch wird sozusagen im Friedhof geboren, das ganze Leben fängt mit dem Tod an und mit der Geburt hört es auf. Die Menschen werden immer jünger und in der Schule lernt man immer weniger, am Ende verlernen sie sogar das Sprechen und können nicht mehr laufen.

Laura

Stell dir eine Welt vor, in der die Menschen nur einen Tag leben. Ein ganzes Menschenleben wird in 24 Stunden gezwängt, entweder durch Verlangsamung der Erdumdrehung oder durch Beschleunigung von Herzschlag und Atmung ...

Stell dir eine Welt vor, in der die Zeit sichtbar ist. Man sieht in den verschiedenen Richtungen die Ereignisse der näheren Zukunft – Geburten, Hochzeiten, Todesfälle – und kann wählen, welchen Weg auf der Zeitachse man gehen möchte und wie schnell man ihn gehen will ...

Ich fände es dumm, denn dann würde man wissen, wann man stirbt. Aber es wäre auch gut, so könnte man einen Krieg verhindern.

Peter

Stell dir eine Welt vor, in der die Zukunft bereits festgelegt ist ...

Ich würde nicht gerne in dieser Welt leben, weil das ja langweilig ist, wenn man alles schon weiß, was am nächsten Tag alles passiert. Da weiß man schon, ob es ein guter Tag oder ein schlechter Tag wird.

Anna-Carolina

Stell dir eine Welt vor, in der die Zeit ist wie das Licht zwischen zwei Spiegeln. Sie springt hin und her, erzeugt dabei eine unendliche Zahl von Bildern, Melodien und Gedanken. Diese Welt ist eine Welt unzähliger Kopien. Alles, was es gibt, gibt es unendlich oft, auch die Menschen ...

Es wäre gar nicht gut, keiner wäre einmalig. Alles, was man sich selbst gemacht hätte, gäbe es schon. Es wäre echt langweilig, weil es ja alles gäbe, darum lieber nicht.

Eric

2. Sätze der Kinder, die zur »Zeit« in der Bibel stehen könnten

Und Gott sagte: Zeit ist Leben.
Die Welt braucht Zeit, um sich zu entwickeln.
Ohne die Zeit gibt es nichts.
Wenn die Zeit einmal da ist, hört die Zeit nie auf.
Gott leitet die Zeit.
Die schönste Zeit deines Lebens ist die Zeit, in der du lebst.
Deine Zeit gehört dir.
Mache alles schneller, aber nicht zu schnell, dann gibt es keine Zeit mehr.
Wenn ich sterbe, in welcher Zeit bin ich dann?

Wie sieht die Zeit hinter der Zeit aus?
Zeit ist wertvoller als Gold und Edelsteine.
Alles braucht seine Zeit.
Wir kommen und wir gehen: Das ist die Zeit.

3. Guter Gott, das will ich dir zur »Zeit« sagen

Guter Gott, du hast die Zeit erschaffen. Aber du wohnst nicht drin.
Guter Gott, du hast die Zeit erschaffen. Aber du hast unendlich viel Zeit.
Guter Gott, du hast die Zeit erschaffen. Aber du hast deine eigene Zeit.
Guter Gott, du hast die Zeit erschaffen. Aber du zählst sie für uns.

Mira

Die Zeit ist nur sinnvoll, wenn du sie gibst.

Eric

Wenn es keine Zeit gibt, wäre ich dann nicht auf der Welt? Ich bin mal glücklich
auf der Welt und mal nicht. Die Zeit ist lang und manchmal kurz. Die Zeit, in der
Bäume wachsen, ist schneller, als ich dachte. Wir Leute auf der Erde in der Zeit
freuen uns, dass du die Zeit erfunden hast. Es ist schön zu wissen, dass die Zeit
niemals stehen bleibt und niemals langsamer geht. Es ist schön, dass die Zeit
nicht schneller vergeht, als man es will, weil man sonst alles Schöne verpassen
würde. Gut, dass man nicht weiß, in welcher Zeit man stirbt.

Hille

Die Zeit kann gut oder auch schlecht sein.
Die Zeit kann riesig groß, sie kann aber auch winzig klein sein.
Sie ist mal schön, mal ist sie stur.
Und sie erfüllt den Menschen,
doch nicht alles, was sie denken,
und sie sagt dann nur:
Seid nicht dumm und stur,
alles zu seiner Zeit!

Christine

Gott, danke, dass du die Zeit gemacht hast, wie sie ist.
Es gibt gute Zeiten, es gibt schlechte Zeiten,
es gibt schöne Zeiten, es gibt schreckliche Zeiten,
es gibt bunte Zeiten, wo alles in einem ist,
es gibt die verschiedensten Zeiten,
es gibt auch Zeiten, wo es dir schlecht geht,
es gibt Zeiten, da willst du von der Welt gar nichts mehr wissen,
bei welchen Zeiten fühlst du dich am wohlsten?
Die Zeit spielt manchmal wie verrückt,
an anderen Tagen ist es so, als hätte die Zeit überhaupt nichts getan,
die Zeit ist verwirrend, mal bist du glücklich, wie die Zeit ist, mal bist du sauer,
da gibt es Tage, wo du sauer und glücklich bist,
die Zeit weiß eben nie, was sie will.

Laura

Die Zeit hört für Menschen auf, wenn sie für andere Menschen anfängt. Wenn die Zeit nicht wäre, gäbe es keine Menschen. Die Zeit ist ein Leben, sie bringt Menschen und sie bringt Menschen weg.

Anna-Carolina

Ich will dir danken, weil die Zeit so ist, wie sie ist. Und nicht anders wie die Zeit in den Gedankenspielen oder wie wir sie geschrieben haben. Ich bin mit der Zeit, so wie sie ist, zufrieden.

Ben

Gott, wir brauchen die Zeit,
denn eine Welt ohne Zeit ist so wie ein Körper ohne Herz, er würde sterben.
Ich bitte dich, halt die Zeit nicht an, das wäre so,
als ob das Herz nicht mehr schlagen könnte.

Bastian

Wie Kinder zu Wort kommen – Eindrücke und Ideen

Die Gedankenexperimente sind angeregt und formuliert worden mit Hilfe des Buches von Alan Lightman »Und immer wieder die Zeit. Einstein´s Dreams« (Hoffmann und Campe, Hamburg ⁵1994). Lightman beschreibt in poetischer Sprache, wie Albert Einstein nach der Abgabe seines Manuskriptes zur Relativitätstheorie sich in dreißig Träumen in Welten hineinversetzt, in denen die Zeit jeweils anders ist. Das Faszinierende dieser Gedankenspiele ist, dass die jeweilige Zeitvorstellung uns als ein Aspekt unserer Zeiterfahrung sehr wohl bekannt ist, hier aber als einzig gültige die jeweilige Welt zunächst reizvoll, jedoch zu Ende gedacht als meistens sehr tragisch erscheinen lässt. Im Nach-Denken der Zeitexperimente erfahre ich die Vielfältigkeit von »Zeit« und staune, wie wunderbar die Zeit doch eingerichtet ist.

Den Kindern haben wir nach dem Aufschreiben ihrer Zeit-Fragen (s. Kap. 2) in drei Durchgängen an verschiedenen Tagen jeweils zehn Gedankenspiele angeboten. Sie konnten zu einem Gedankenexperiment eine Geschichte, ein Gedicht, ihre Meinung oder Fragen schreiben. So entstanden drei Zeit-Bücher, aus denen hier eine kleine Auswahl präsentiert ist.

Daran schloss sich eine mehr bildbetonte Auseinandersetzung zu biblischen Zeit-Texten an:

1. Zunächst konnten die Kinder einen Satz ersinnen, der zum Thema »Zeit« in der Bibel stehen könnte (s. 2.).

2. Dann suchten sie sich einen von vielen angebotenen Zeit-Sätzen aus dem Alten Testament aus (farbige Arbeitsblätter mit den Bibeltexten):
– aus dem Buch Kohelet 3,1-8 und 11 (grünes Papier)
– aus dem Psalm 90, 1-5,9,11 und 13-17 (blaues Papier)
– aus dem Buch Jesus Sirach 1,23; 4,20 und 23; 6,8; 11,27; 18,10,25-26; 20,6; 22,6; 24,9;39,33-34 und 42,18 (rotes Papier).

3. Die Kinder gestalteten zu ihrem Bibelsatz eine Doppelseite mit Text und Bild (DIN-A3-Blätter in der Mitte der Längsseite schneiden, jeweils in der Mitte knicken, für Text und Bild die Innenseiten verwenden).

4. Die Ergebnisse wurden zu drei biblischen Zeitbüchern zusammengefügt. Zu guter Letzt formulierten die Kinder als Verdichtung und Zusammenfassung aller Erfahrungen und Gedanken ein Gebet zur Zeit mit dem einzigen Impuls: »Guter Gott, das will ich dir zur Zeit sagen« (s. 3.).

An Stelle einer Kommentierung der Kindertexte möchte ich Sie mit weiteren »Zeiträumen« anregen, vielleicht zusammen mit Kindern eigene Texten zu schreiben und so dem Phänomen »Zeit« auf die Spur zu kommen.

Stell dir eine Welt vor, in der die Zeit in genau einem Jahr zu ihrem Ende kommt. Dann wird die Welt untergehen ...

Stell dir eine Welt vor, in der es keine Zeit gibt, sondern nur einzelne Bilder, keine Ereignisse, nur eingefrorene Zustände ...

Stell dir eine Welt vor, in der sich niemand die Zukunft vorstellen kann, denn die Zeit ist eine Gerade, die in der Gegenwart endet. In dieser Welt ohne Zukunft ist jeder Abschied eines Freundes ein Tod, jedes Lachen das letzte Lachen, jeder Augenblick das Ende der Welt ...

Stell dir eine Welt vor, in der die Zeit für kurze Momente anhält und still steht ...

Das letzte hier angebotene Gedankenexperiment hat sich Markus ausgedacht:

Stell dir eine Welt vor, in der die Zeit so wäre wie der Wind.
Manchmal vergeht die Zeit wie im Fluge,
dann geht sie ganz langsam,
bis sie für ein paar Tage still steht –
und mit ihr alles andere auf der Welt ...

9. »Lasst alle Kinder in Frieden groß werden!«

Reden an die Menschheit

Hört mir zu, ihr Menschen!

Versucht Gutes statt Böses zu tun.
Teilt das, was ihr habt.
Hört nicht auf die Leute, die sagen: »Krieg, Krieg«.
Schafft alles vom Militär weg.
Bestraft keine Leute, die vor 20 Jahren Unrecht getan haben,
sondern sagt ihnen Gutes.
Lasst alle Kinder in Frieden groß werden.
Lasst alle Mütter ihre Kinder friedlich erziehen.
Meint nicht, dass es Untermenschen gibt,
überseht keine Menschen, sondern ladet sie ein.
Versucht, alle kranken Menschen gesund zu pflegen,
auch wenn sie grässlich aussehen.
Gebt allen Menschen Zeit zum Überlegen.

Niklas, 10 Jahre

Hört mir zu, ihr Menschen!

Warum müsst ihr Krieg führen? Habt ihr nicht schon genug Unrecht getan? Ihr mordet dabei unschuldige Bürger und das alles nur, damit ihr mehr Land habt? Wenn ihr ALLE Frieden hättet, würdet ihr alle zusammengehören, dann würde auch die ganze Welt euch allen zusammen gehören. Oder geht es euch nur darum, Macht zu haben? Das wäre noch schlimmer, dann würdet ihr nur, um zu wissen, »ICH« bin der Stärkere, Menschen umbringen und die Natur zerstören. Ihr hättet sowieso keine Macht, wenn kein Tier, keine Pflanzen und keine Menschen mehr da wären. Also hört auf mit dem verdammten Krieg.

Lisa, 10 Jahre

Hört mir zu, ihr Menschen!

Wofür leben wir? fragen sich viele Menschen, doch jeder lebt für den anderen. Ihr lebt für eure Kinder, für jedes andere Stückchen Hilfe. Alle, die leben, leben für etwas. Und alle zusammen sind die Menschheit. Der Krieg zerstört die Menschheit. Im Krieg lebt jeder für sich selbst, und nicht für den anderen. Wenn das so weitergeht, gibt es bald keine Menschheit mehr. Wer will das schon?

Christian, 10 Jahre

Hört mir zu, ihr Menschen!

Wofür hat Gott wohl die Erde erschaffen? Damit wir die Welt zerstören? Wir machen Kriege, wir machen den Urwald kaputt, verschmutzen die Umwelt! Wollt ihr, dass die Welt explodiert oder dass ihr im Krieg erschossen werdet? Wenn ihr arm wärt, was würdet ihr machen? Im Krieg geht alles kaputt und Menschen sterben. Wofür brauchen wir das? Die, die den Krieg entwickelt haben, sterben nicht, sondern nur die anderen.

Hendrik, 10 Jahre

Hört mir zu, ihr Menschen!

Findet Frieden zueinander, räumt den Krieg aus der Mitte. Es ist nicht gut, Menschen umbringen zu wollen, nur weil ihr sie hasst. Es ist besser, wenn Frieden herrscht und alle sich vertragen, sodass es das Wort Krieg nicht mehr gibt. Kehrt mit Besen den Krieg aus der Welt.

Anne, 10 Jahre

Hört mir zu, ihr Menschen!

Die Erwachsenen sitzen in der ersten Reihe. Sie wählen, was mit uns geschieht. Sie dürfen für sich und für uns wählen, aber die, die uns wichtig sind, lasst ihr fallen. Auch Kinder müssen über die Zukunft bestimmen, solange sie noch Kinder sind. Wir sind die Zukunft und die Gegenwart. Es ist doch dumm, Krieg zu machen, nur weil sich zwei Erwachsene streiten. Wir sterben wegen euch, und das scheint euch nicht zu interessieren. Wir würden keinen Streit machen, wenn ihr es uns nicht vormachen würdet. Die Reichen macht ihr reicher und die Armen macht ihr ärmer. Auch in der Seele. Ihr glaubt, was ihr tut, sei richtig. Ist es richtig, Menschen verhungern zu lassen und ihr selbst schwebt in Reichtum? Ist es richtig, Menschen umzubringen und sie zu verletzen?

Katrin, 9 Jahre

Hört mir zu, ihr Menschen!

Warum lasst ihr Menschen Kriege zu? Kann man so was denn nicht mit Worten oder anderen friedlichen Sachen lösen statt mit Waffen? Ausländer werden verfolgt. Warum? Sie sind doch Menschen wie wir.
Und warum fabriziert ihr so viel Müll? Ihr müsst auch an uns Kinder denken. Wenn der Müll verbrannt wird, steigt ein Rauch auf, der die Ozonschicht zerfrisst. Und wenn die Ozonschicht erst mal ganz zerfressen ist, kriegen wir die tödlichen Strahlen ab.
Und warum helfen die reichen Länder nicht mehr den armen Ländern, damit es ihnen bald besser geht und die Kinder zur Schule gehen können, damit sie eine vernünftige Ausbildung bekommen?

Hannah, 10 Jahre alt

Hört mir zu, ihr Menschen!

Ihr wisst, dass es viel Leid auf der Welt gibt. Viele, die leiden müssen, können sich nicht allein von dem Leid befreien. Darum müssen wir den Leuten helfen. Viele haben auch nicht so viel Geld. Sie brauchen es aber, sonst können sie nicht überleben. Spendet ihnen etwas, und lasst den Leuten einen Glauben da, dass sie doch irgendwie ein Heim finden. Ich finde es aber auch sehr gut, was viele schon gemacht haben. Sie haben es sehr gut gemacht. Denn die Leute haben wieder ein bisschen Hoffnung.

Britta, 10 Jahre

Wie Kinder zu Wort kommen – Eindrücke und Ideen

Eindrückliche Reden wie diese standen am Beginn unserer Annäherungen an die Propheten des Alten Testaments. Dieses Thema war den Kindern jedoch nicht bekannt, als wir ihnen Folgendes erzählten:

»Stell dir vor, du bekommst die Chance, eine Rede an die ganze Menschheit zu halten. Sie wird in alle Erdteile übertragen. Schreibe deine Rede an die Menschen auf! Sage ihnen, was schlecht ist auf der Erde, wo Unrecht geschieht, wo sie aufhören müssen, so zu handeln!

Bedenke, gerade weil du ein Kind bist, siehst du mehr und andere Dinge als die Erwachsenen.«

Hört mir zu, ihr Menschen! Dieser erste Satz der Rede war vorgegeben. Er schlägt einen »Ton« an, den die Kinder genial aufgegriffen und fortgesetzt haben: So kamen erneut die Kinder zuerst selbst zu Wort und wurden zugleich mitten in die Erfahrungen der Propheten hineingeführt. Wir gingen davon aus, dass ihre Sensibilität für Unrecht in der Welt, ihre Unbefangenheit, die Dinge beim Namen zu nennen, und ihre Phantasie sehr viel mit der Eigenart der Propheten zu tun hat und die Kinder in die Lage versetzen konnte, sich einer solchen Herausforderung zu stellen.

Die Kinder überraschten uns mit einer elementaren Sprache, die mit der der Propheten verwandt ist. Die Kürze und Präzision der Sätze, der hohe Anteil der (rhetorischen) Fragen, die Schärfe der Anklage zeigen: In den Reden der Kinder liegt eine »prophetische Kraft«, die uns Erwachsene grundlegend anfragt. Im Rückblick auf das Schreiben der Rede waren sie dementsprechend in der Lage, das »Prophetische« ihrer Erfahrung zur Sprache zu bringen:

74

Man fühlte sich wie ein Friedensrichter.

Ich kam mir einerseits toll vor und war stolz,

andererseits kam ich mir aber auch komisch vor und hatte Angst.

Ich hatte Angst, die Erwachsenen könnten mich nicht beachten, mich auslachen.

Die Erwachsenen sehen das mit anderen Augen,

verstehen das vielleicht nicht, was wir Kinder denken.

Manche Menschen haben Angst davor, die Wahrheit zu hören.

Jemand, der den Menschen nur das Schlechte sagt, ist nicht beliebt.

Sie wollen lieber jemanden hören, der das Gute sagt und verzeiht.

Wie die Propheten haben auch wir Ungerechtigkeiten angeklagt.

Auch wir reden eigentlich nicht vor so vielen Menschen.

Auch wir haben befürchtet, keiner würde auf uns hören.

Die geradezu erdrückende Dominanz der Anklage des Krieges in den Reden ist nach meiner Erfahrung kein Zufall. Seit Beginn der 90er-Jahre scheint mir die Frage nach Krieg und Frieden die Frage zu sein, die die Kinder am meisten bewegt und beunruhigt. Als die Kinder ihre Reden gegen den Krieg schrieben, standen sie unter dem Eindruck des Balkankrieges, besonders der Belagerung der Stadt Sarajevo. Während ich diese Zeilen schreibe, tobt der Kosovo-Krieg seit drei Wochen. Was wird sein, wenn diese Seiten gelesen werden? Die Reden der Kinder werden in jedem Fall ihre Eindringlichkeit, Gültigkeit, ja Notwendigkeit behalten!

10. »Gottes Liebe zwischen mir und jedem Hass.«

Segensgebete der Kinder

Segensgebet aus dem 5. Jahrhundert nach Christi	Segensgebet von Kindern des 20. Jahrhunderts
Der lebendige Gott sei vor dir, um dir den rechten Weg zu zeigen.	*Der lebendige Gott sei vor dir,* um dir die Welt zu zeigen, um dir zu zeigen, wo das Gute ist, um dich zu warnen vor dem Bösen, um dir den Weg zum Frieden zu weisen.
Der lebendige Gott sei neben dir, um dich in die Arme zu schließen und dich zu schützen.	*Der lebendige Gott sei neben dir,* um dich zu stützen, wenn du fällst, um dich zu beschützen, wenn du in Not bist, um dich mit sanftem Schwung zu nehmen, um dir zur Seite zu stehen.
Der lebendige Gott sei hinter dir, um dich zu bewahren vor der Heimtücke böser Menschen.	*Der lebendige Gott sei hinter dir,* um dich aufzufangen, wenn du stolperst, um dich hochziehen zu können, um zu sagen, wo du aufpassen musst, um dich vor tiefen Abgründen zu bewahren.

Der lebendige Gott sei unter dir, *um dich aufzufangen, wenn du fällst,* *und dich aus der Schlinge zu ziehen.*	*Der lebendige Gott sei unter dir,* um dich über weite Abgründe zu tragen, um dich zu tragen, wenn deine Beine schwer sind, um deine Wege zu begleiten.
Der lebendige Gott sei in dir, *um dich zu trösten,* *wenn du traurig bist.*	*Der lebendige Gott sei in dir,* um dein Herz zu schützen vor dem Tod, um dir Mut zu machen, wenn du traurig bist, um dir Liebe zu geben, wenn du wütend bist, damit er deine Seele leiten kann.
Der lebendige Gott sei um dich herum, *um dich zu verteidigen,* *wenn andere über dich herfallen.*	*Der lebendige Gott sei um dich herum,* um dich im Krieg zu schützen, um dich festzuhalten, wenn du zuhauen willst, um deinen ganzen Leib zu bergen.
Der lebendige Gott sei über dir, *um dich zu segnen.*	*Der lebendige Gott sei über dir,* damit nichts auf dich herabstürzt, um dir den Frieden zu zeigen, um dich Tag und Nacht zu beschützen.
So segne dich der gütige Gott.	*So segne dich der gütige Gott,* der große Gott, der schützende Gott.

Dazwischen

Gottes Auge zwischen mir und jedem Blick.
Gottes Wille zwischen mir und jeder Absicht.
Gottes Hand zwischen mir und jeder Hand.
Gottes Schutz zwischen mir und jedem Schutz.
Gottes Verlangen zwischen mir und jedem Verlangen.

Irischer Segen

Dazwischen

Gottes Licht zwischen mir und jedem Licht.
Gottes Herz zwischen mir und jedem Herz.
Gottes Wort zwischen mir und jedem Wort.
Gottes Meinung zwischen mir und jeder Meinung.
Gottes Geduld zwischen mir und jeder Geduld.
Gottes Stolz zwischen mir und jedem Stolz.
Gottes Leitung zwischen mir und jeder Leitung.
Gottes Leben zwischen mir und jedem Leben.
Gottes Glauben zwischen mir und jedem Glauben.
Gottes Seele zwischen mir und jeder Seele.
Gottes Leib zwischen mir und jedem Leib.
Gottes Liebe zwischen mir und jeder Liebe.
Gottes Namen zwischen mir und meinem Namen.
Gottes Macht zwischen mir und jeder Kraft.
Gottes Werk zwischen mir und jeder Welt.
Gottes Geist zwischen mir und allem Heiligen.
Gottes Trost liegt zwischen mir und jedem Leid.
Gottes Nähe zwischen mir und jeder Ferne.
Gottes Leben zwischen mir und dem Tod.
Gottes Liebe zwischen mir und jedem Hass.
Gottes Dankbarkeit zwischen mir und jeder Undankbarkeit.
Gottes Frieden zwischen mir und jedem Krieg.
Gottes Licht zwischen Frieden und Hass.
Gottes Wort zwischen mir und jeder Sprache.
Gottes Freundschaft zwischen Klein und Groß.
Gottes Segen zwischen mir und jedem anderen.
Gottes Herz zwischen mir und der Natur.
Gottes Liebe zwischen mir und dir.
Gottes Liebe zwischen mir und Gott selbst.

Segen der Kinder

Gott umhülle dich

dass dir Luft zum Atmen bleibt
dass dir Feuer zum Wärmen bleibt
dass dir Wasser zum Trinken bleibt
dass dir Erde zum Leben bleibt

Gott umhülle dich

Lateinamerikanischer Segen

Segenssätze der Kinder

Gott umschweige dich
dass sich alles um dich windet
dass sich alles um dich bindet
dass sich alles vor dir neigt
dass sich alles um dich reißt
Gott umschweige dich
Gott erhebe dich
dass du alles Gute und Böse sehen kannst
dass du nicht zu hoch fliegst
dass du uns beschützen kannst
dass du wieder runter kommst
Gott erhebe dich

Gott umhülle dich
Gott umkreise dich
Gott umleuchte dich
Gott enthülle und zeige dich
Gott erfreue dich
Gott erkläre dich
Gott beschütze dich
Gott stärke dich…

dass dir Brot zum Essen bleibt
dass dir Erde zum Pflanzen bleibt
dass dir eine Hand zur Arbeit bleibt
dass dir Dunkelheit zum Schlafen bleibt
dass dir Licht zum Sehen bleibt
dass dir Gefühle zum Fühlen bleiben
dass dir der Geruch zum Riechen bleibt
dass dir Freude zum Spielen bleibt
dass dir Witze zum Lachen bleiben
dass dir Mut zum Leben bleibt
dass dir Freunde zum Leben bleiben
dass dir ein Zuhause bleibt
dass dir ein Schlüssel zum Befreien bleibt
dass dir Freude zum Leben bleibt
dass dir Angst zum Sterben bleibt
dass dir Liebe zum Leben bleibt
dass dein Leben nie zu Ende geht
dass dir Lust zum Glauben bleibt
dass dir Intelligenz zum Lernen bleibt
dass dir deine Meinung bleibt
dass dir Güte zum Gutsein bleibt

dass dir Liebe zu den Menschen bleibt
dass du deine Liebe nicht laufen lässt
dass du dich liebst
dass dir die Menschen bleiben
dass dir ein Platz zum Leben bleibt
dass dir noch Platz zum Wenden bleibt
dass Licht in die dunkle Welt kommt
dass dir die Wärme entgegenkommt
dass um dich herum Frieden ist
dass dir das Universum bleibt
dass dir der Himmel noch erhalten bleibt
dass dir ein Auge der Schöpfung bleibt
dass dir ein Bild des Lebens bleibt
dass dir Glauben für Gott bleibt

Wie Kinder zu Wort kommen

Das an die Tafel geschriebene Wort »Segen« führte uns über erste Wortassoziationen der Kinder zu einem kurzen Gespräch

über mögliche Orte, an denen ein Segen gesprochen werden kann (in der Kirche, vor allem am Ende des Gottesdienstes, in der Familie, von den Eltern oder auch den Kindern),

über mögliche Situationen, in denen Gottes Segen erbeten wird (beim Abschied, vor einer langen Reise, vor einem wichtigen Ereignis),

über den »Grund«, einen Segen zu sprechen, sich von Gott segnen zu lassen oder einander zu segnen (gibt Kraft und Hoffnung, bewirkt Trost und Heilung).

Nun lasen wir den Kindern nacheinander die drei Segensgebete vor. Sie wählten ein Gebet aus und schrieben eigene Segenssätze mit Hilfe der jeweils vorgegebenen Wörter dieses Gebets.

Vorgegeben waren:

- beim Segen aus dem 5. Jahrhundert die Satzanfänge »Der lebendige Gott sei vor / neben / hinter / unter / in dir / um dich herum / über dir, ... So segne dich ....«,

- beim irischen Segen »Gottes .... zwischen ....«,

- beim lateinamerikanischen Segen »Gott (umhülle) dich, dass (dir) ....«.

Die oben von mir zusammengestellten Sätze stammen von Kindern des 4. Schuljahrs.

Eindrücke und Ideen

Wieder lassen sich die Kinder von einem Vorbild zu Eigenem anregen. Die Segenssätze der Kinder sind sicher zunächst sprachspielerische Variationen der vorgegebenen Texte, und es ist offen, inwieweit das einzelne Kind originell seinen Glauben erweitert. Es ergibt sich bei den Kindertexten jedoch eine Vielfalt der Lesarten, die den Vorlagen fehlt. Die Kindertexte zum Segensgebet aus dem 5. Jahrhundert sind inhaltlich breiter gefächert, vor allem weniger auf die Gefahren durch das Böse konzentriert. Die Sätze in Anlehnung an den »Irischen Segen« sind weit komplexer zu lesen, zu bedenken und zu meditieren als das »Original«. Indem Gott das Gegenteil zugesprochen wird – beispielsweise seine »Nähe zwischen mir und jeder Ferne« – wird seine heilende Wirkung umschrieben und erbeten, dass Gott nicht nur bei allem dabei ist, sondern durch Gott vieles anders wird. Die Segenssätze zu dem lateinamerikanischen Gebet betonen über die vier Elemente hinaus die Beziehung zu sich und zu den anderen, zur Schöpfung und zu Gott. Insgesamt zeigt sich die tiefsinnige Spiritualität der Kinder. Solche überraschenden Sprachspiele sind ohne großen Aufwand anzustoßen – auch für uns Erwachsene ein lohnender Impuls, kreativ die eigene Spiritualität auszudrücken.

11. »Ich finde, Gott hatte Recht im Unrecht.«

Leid und Gott – Kinder (ver)suchen Antworten

1. Gedanken zur Frage eines anderen Kindes an Gott

Warum lässt du behinderte Kinder auf die Welt kommen?

Ich denke, dass Gott behinderte Kinder auf die Welt gesetzt hat, weil er wollte, dass die Menschen sich auch für kranke Menschen Zeit nehmen. Und weil er wollte, dass wir vorsichtiger sind. Er wollte andere Menschen sehen, er wollte sehen, dass die Menschen, die nicht behindert sind, die glücklich machen, die behindert sind. Er wollte die Menschen helfen lassen, sie nachdenkend machen. Ich finde, Gott hatte Recht im Unrecht.

Katrin

Wieso liebst du auch Mörder?

Jeder Mensch hat gute und schlechte Seiten. Selbst ich und meine Freunde. Wir sind alle Kinder Gottes, auch die Mörder und Diebe. Gott liebt uns alle, die Armen und die Reichen, die Guten und die Bösen. In jedem Mörder steckt bestimmt auch ein guter Mensch.

Yannick

> Warum sagst du uns nicht alles, wenn du so viel weißt?

Bestimmt, weil es dann keine Fragen mehr gäbe und keine Geheimnisse mehr.

Hendrik

Gott könnte darauf antworten: Ich sage euch doch alles. Das, was in euren Köpfen vorgeht, wie ihr handelt, alle schlauen Sachen, die ihr macht, alle Fehler, die ihr macht. Warum auch Fehler? Weil keiner perfekt ist, ich auch nicht. Also sei optimistisch, denke immer: »Der Entschluss ist richtig.«

Christian

2. »Warum lässt der gute Gott das Leiden zu?«

Den Kindern lag folgender Impuls vor:

Über diese Frage hat schon vor 2300 Jahren, also ungefähr 300 Jahre vor der Geburt Jesu, ein griechischer Philosoph mit dem Namen Epikur lange nachgedacht. Wenn ihr euch in seine Gedanken vertieft und eure eigenen Gedanken hinzunehmt, könnt ihr nach-denken, was er vor-gedacht hat und die Sätze mit euren Worten jeweils zu Ende führen.

Epikur dachte, es gibt vier Möglichkeiten: Entweder will Gott die Übel beseitigen und kann es nicht, oder er kann es und will es nicht, oder er kann es nicht und will es nicht, oder er kann es und will es.

1. Wenn Gott nun die Übel beseitigen will und nicht kann, so ist er …

- eine blinde Hilfe.
- ein verlassener Erzähler.
- nicht so mächtig wie andere Menschen auf der Welt.
- nicht so mächtig, wie die Menschen glauben.
- schwach, aber doch stark.
- ein Gott, der die Menschen versteht.

2. Wenn Gott die Übel beseitigen kann und nicht will, dann ist er …

- ein mächtiger Nichtsnutz.
- dann ist Gott gegenüber der Menschheit gemein.
- so wie die Menschen, die Arme und Hungrige und andere Menschen sterben lassen.
- ein Gott, der vielleicht nicht will, dass die Übel beseitigt werden.

3. Wenn Gott die Übel nicht beseitigen will und nicht kann, dann ist er …

- nicht unser Gott.
- viel zu unwürdig für die Erde.
- schwächer als viele Menschen mit Herz.
- ein kleiner Gott im Herzen.
- ein anderer Gott und nicht unser guter Gott.

4. Wenn Gott die Übel aber beseitigen will und kann, …

- dann soll er es auch tun.
- dann kann er verzeihen.
- dann ist Gott der Welt gerecht.
- ist er das, was die Menschen glauben und wollen. Gott beseitigt aber nicht alle Übel, aus irgendeinem Grund, den wir nicht kennen.

Tatsächlich dachte Epikur: Entweder will Gott die Übel beseitigen und kann es nicht, oder er kann es und will es nicht, oder er kann es nicht und will es nicht, oder er kann es und will es.
Wenn er nun will und nicht kann, so ist er schwach, was auf Gott nicht zutrifft.
Wenn er kann und nicht will, dann ist er missgünstig, was ebenfalls Gott fremd ist.

Wenn er nicht will und nicht kann, dann ist er sowohl missgünstig wie auch schwach und dann auch nicht Gott.

Wenn er aber will und kann, was allein sich für Gott ziemt, woher kommen dann die Übel und warum nimmt er sie nicht weg?

3. Gott und das Leid: Antwortversuche der Menschen – Was sagst du dazu?

1. Gott ist gut und allmächtig. Alles, was geschieht, will er auch so. Das Leiden ist eine Strafe für Böses, was Menschen getan haben. Durch die Strafe sollen sich die Menschen bessern.

– Ich glaube das nicht, weil jeder Mensch hat bestimmt schon mal etwas Böses getan. Und viele Menschen brauchten deswegen nie leiden.
– Es leiden aber auch unschuldige Menschen.
– Dieser Meinung bin ich nicht. Gott würde den Menschen nichts antun, auch wenn sie böse waren.
– Ich finde, das ist Aberglaube. So dachten die Menschen früher.

2. Was Menschen einander an Leid zufügen, dürfen wir Gott nicht vorwerfen. Gott lässt es zu, denn er gibt den Menschen die Freiheit, sich für Gutes oder Böses zu entscheiden.

– Ich würde sagen, das stimmt, wir können *ihm* es nicht vorwerfen, dass *wir* uns untereinander Leid zufügen, das tun *wir* ja, nicht *er*.
– Ja, Gott lässt den Menschen die Freiheit, weil sie sie brauchen.
– So ist es, denn Gott ist das freie Gehirn der Menschen. Auch von den Dummen.
– Ein bisschen stimmt es, aber ist es nicht Gott, der über unsere Freiheit entscheidet?
– Wenn er uns die Wahl zwischen Leid und Wohlhaben lässt, warum lässt er uns mit Absicht leiden?

3. Gott ist gut, aber seine Stärke ist anders als die Macht von Menschen. Wenn Menschen leiden, leidet er mit ihnen. Er ist immer auf der Seite derer, denen Leid und Unrecht geschieht.

- Es ist richtig, denn Gott leidet auch mit denen, die lange vorher Unrecht getan haben.
- Ich finde, Gott ist auf der Seite aller Menschen, er denkt über jeden Einzelnen nach.
- Wenn Menschen leiden, leidet er mit, so als wäre er in ihnen.

4. Wir können Gott nicht verstehen und wir können das Leiden nicht ganz erklären. Wir wissen nicht, warum Gott das Leid zulässt. Wir müssen Gott danach fragen und uns auch bei ihm beklagen.

- Ja, wir müssen Gott nach vielen Dingen fragen. Doch manche Antworten werden wir gar nicht verstehen können.
- Man weiß nie, was Gott will, ich glaube, man wird es auch nie erklären.
- Es gibt Fragen, die man nicht beantworten kann. Aber es gibt auf alle Fragen eine Antwort.
- Wir sollten Gott fragen, wenn wir eine Antwort haben wollen, auch wenn wir die Antwort nicht gleich bekommen, in unserem Leben antwortet er uns.

Wie Kinder zu Wort kommen

Diese Texte schrieben Mädchen und Jungen eines 4. Schuljahrs im Rahmen einer Unterrichtsreihe zum Buch Ijob und zur Frage, warum Gott das Leid zulässt.

1. »Stell dir vor, du kannst Gott Fragen stellen! Was fragst du ihn?« So lautete unser Hinweg zum Thema, das sich aus den Kinderfragen selbst ergab (s. Kinder fragen Gott persönlich, Kap. 2). Die Fragen legten wir den Kindern wieder zur

Beantwortung vor: Sie konnten ihre Meinung zu einer gewählten Frage schreiben oder eine Antwort, wie sie nach ihrer Auffassung Gott geben könnte.

2. Nach Begegnungen mit prägnanten Sätzen aus dem Buch Ijob und der gesamten Geschichte und nach kreativen Gestaltungen dazu (s. Seiten 88a und 112a) stellten wir die zunächst unvollständigen Gedanken von Epikur vor. Jedes Kind konnte die vier Möglichkeiten für sich zu Ende denken.

3. Danach nahmen die Kinder Stellung zu vier einfach formulierten Antwortversuchen auf die Frage nach der Rechtfertigung Gottes angesichts des Leids.

Eindrücke und Ideen

Einmal mehr führen uns Kinder mit ihrem Wissen vor die wirklich großen Fragen der Menschheit. Es lohnt sich also für uns Erwachsene, sich von Kindern im Fragen anstecken zu lassen.

1. Die Antwortversuche auf die Kinderfragen sind davon geprägt, Gott mit bestem Willen zu verteidigen. Die Liebe Gottes ist kaum antastbar, selbst beim offensichtlichen »Unrecht« werden gute Gründe vermutet. Hier zeigt sich die Sehnsucht der Kinder nach Güte und Gerechtigkeit.

2. Wer Epikurs Gedanken einmal für sich nach-denkt, staunt über die überraschenden Denkwege der Kinder. Sie führen über Epikurs Formulierungen hinaus die Sätze in bilderreicher Sprache in ganz andere Richtungen weiter und geben dabei Auskunft zur Frage nach Leid und Gott. So deutet der Gedanke vom »Gott, der die Menschen versteht« auf den mitleidenden Gott hin. Die Allmacht Gottes wird nicht nur in Frage gestellt, sondern neu beschrieben (»schwach, aber doch stark«).

3. Die traditionelle Vorstellung eines »gerecht« strafenden Gottes lehnen fast alle Kinder ab. Sie begründen es mit der Güte Gottes, mit dem selbst Leid verursachenden Menschen und mit den Erfahrungen des unbestraften Ungerechten sowie des leidenden Gerechten. Der Auffassung, Gott schenke den Menschen Freiheit, auch Böses zu tun, stimmen die Kinder zu. Doch sie fragen

bohrend weiter, denn sie spüren den »Stachel« des Leidens. Die Äußerungen der Kinder zur Vorstellung eines mitleidenden Gottes stehen in Nähe zu Positionen zeitgenössischer Philosophie und Theologie: »Auch das, so scheint mir, ist eine Antwort an Ijob: dass in ihm Gott selbst leidet. Ob sie wahr ist, können wir von keiner Antwort wissen« (Hans Jonas). Die letzte Position – Gott bleibt verborgen und für uns nicht verstehbar – bejahen die Kinder, indem sie Gott ihr Vertrauen aussprechen. Von diesem Gottvertrauen kann ich als Erwachsener lernen: »… in unserem Leben antwortet er uns.«

➤ Nach intensiven Zugängen zur Frage »Warum lässt Gott das Leiden zu?« und nach Erfahrungen mit der Geschichte vom leidenden und am Ende glücklichen Ijob malten die Kinder eines 4. Schuljahres zu dem traurig-schönen Musikstück »Why« der Klezmer-Gruppe »Kol Simcha« eindrucksvolle Wasserfarben-Bilder und drückten in Farbklängen ihre Gefühle und Gedanken aus.

LISA malte unter einem hellblauen Himmel oder Weltall eine wunderschöne Erde, deren grüne und gelbe Kontinente und tiefblaue Meere fließend ineinander übergehen, die aber ein blutroter Riss durchzieht und die durch weitere, sich explosionsartig ausbreitende rote Flächen bedroht ist.

ANNE zeigt eine chaotische Landschaft vor einem aufgewühltem Himmel, an dessen Horizont in großen Buchstaben »Why« zu lesen ist. Im Licht der mit einem Fragezeichen versehenen Sonne steht eine Taube am Himmel einem starr und leblos wirkenden, nicht identifizierbaren Ding oder Wesen gegenüber.

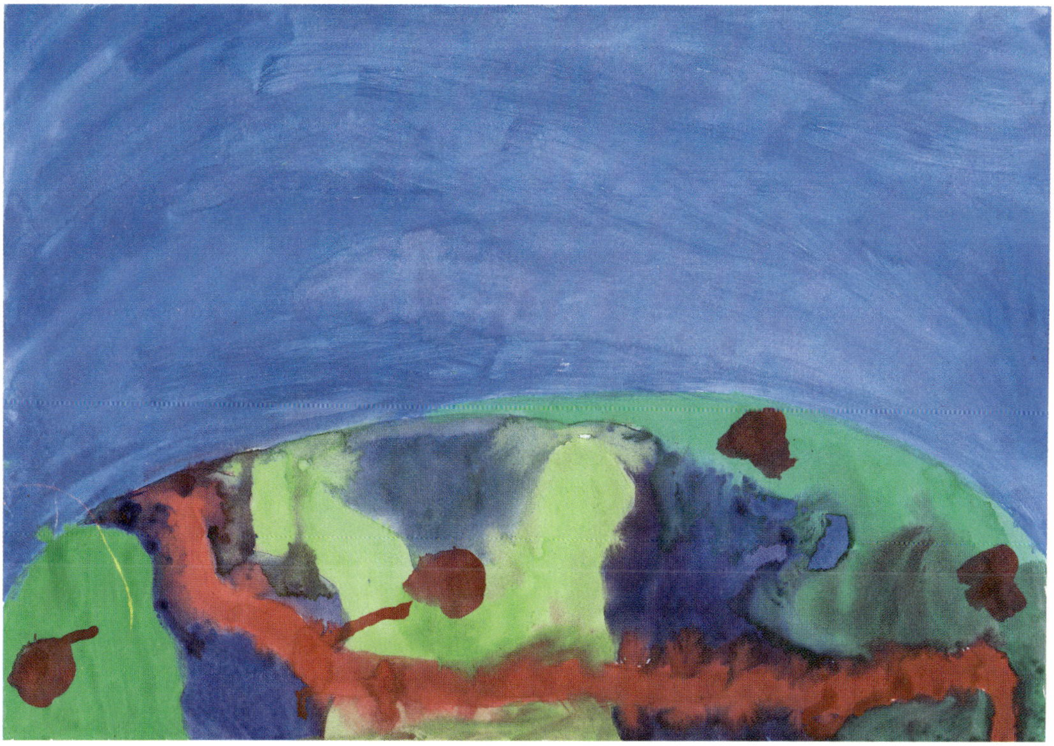

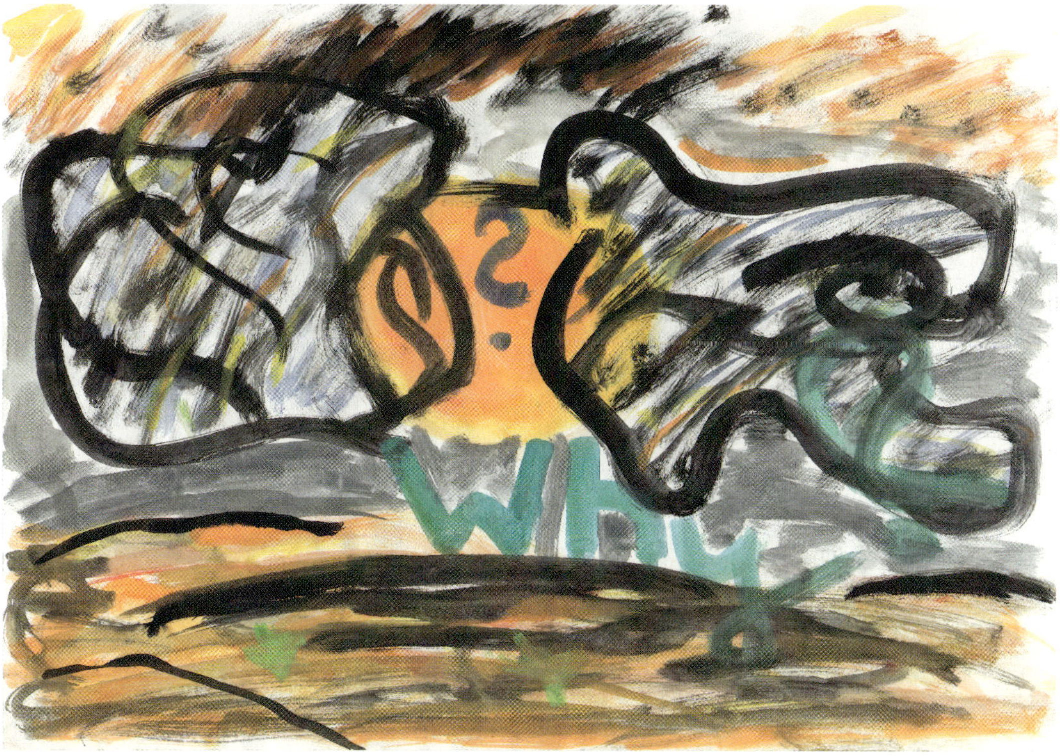
WHY

12. »*Du dunkle Sonne*«

Dem Unbenennbaren Namen geben

Kinder reagierten auf folgenden Impuls:

Wer in der Bibel liest, findet Hunderte von Namen für Gott. Der wichtigste Name Gottes in der Bibel ist Jahwe, das heißt: »Ich bin der Ich-bin-da«. Immer wieder haben Menschen Gott beim Namen genannt, neue Namen für ihn gesucht und gefunden. Dabei wussten sie:

Tausend Namen sind nicht genug.
Keiner ist der Richtige.
Gott bleibt unbenennbar, namenlos.

Viele Namen Gottes erzählen von Gott in Gegensätzen. Gott wird von entgegengesetzten Seiten gesehen. Es sind mutige Sprachbilder. Vielleicht helfen dir die Beispiele, eigene Sprachbilder, eigene Namen Gottes zu (er)finden. Auf jeden Fall hilft dir deine Art als Kind zu fühlen, zu denken und zu verstehen.

Mein Gott _____
Du strahlende Dunkelheit _____
Du flüsterndes Schweigen _____
Du fruchtbare Wüste _____
Du ohnmächtige Stärke _____
Du stilles Geschrei _____

Mein Gott

Du weite Nähe
Du allmächtiges Kleinsein
Du reiche Armut
Du vergessene Blume
Du schlafendes Erwachen
Du farbloses Bild
Du dunkle Sonne
Du schweigende Dunkelheit
Du Schein im Dunkel
Du kleine Unendlichkeit
Du heilige Stille
Du flüsternde Rede
Du ruhende Hand
Du große Welt
Du lautlose Welt
Du lautleise Natur
Du vergessliche Wahrheit

Mein Gott

Du großes Kind
Du mächtige Stille
Du Stern im Schwarzen
Du kalte Wärme
Du wärmende Kälte
Du Träne ohne Wasser
Du Pracht für die Erde
Du abwesender Diener
Du große Freude
Du schweigende Freude
Du ohnmächtige Liebe
Du starke Schwäche
Du schwache Stärke
Du namenloses Wesen
Du großer Gedanke
Du heimliches Ich
Du gebrochene Liebe

Wie Kinder zu Wort kommen – Eindrücke und Ideen

Unter der Überschrift »Unzählige Namen des namenlosen Gottes« lasen die Kinder im 3. Schuljahr den Eingangstext mit den paradoxen Namen Gottes aus der Tradition der christlichen Mystik (aus: Sölle, Dorothee, Mystik und Widerstand: »Du stilles Geschrei«, Hoffman und Campe, Hamburg 1997). Diese Namen wurden zur Inspiration für eigene Gedanken zu Erfahrungen und Erkenntnissen Gottes. Die Kinder lassen sich zum Teil von einzelnen

Aspekten leiten, ohne dabei in ihrer Anrede Gottes einen Gegensatz auszudrücken. Die meisten Gottesnamen der Kinder jedoch sind dem paradoxen Denken und Sprechen der Theologie nahe. Der Reiz des kreativen Umgangs mit Sprache und die Hilfen unserer Beispiele lassen sie experimentieren, um über den Unaussprechbaren etwas zu sagen und um den Unabbildbaren in Sprachbildern auszudrücken. Gottes verborgene, unverfügbare, dunkle Seite wird dabei nicht verdrängt. Gott kommt als unvorstellbar Vorstellbarer zur Sprache. Dabei weiß ich nicht immer, ob die Kinder tatsächlich »begreifen« oder mehr erahnen, was sie schreiben, oder ob es vielleicht ein reines Spiel mit Sprache ist. In jedem Fall verstehen wir die Sätze vor unserem Erfahrungshintergrund anders als die Kinder: Der Austausch und das Gespräch darüber ist so bereits eröffnet! Lassen wir uns berühren!

13. »Gott muss sich in uns bewegen.«

Kinder schreiben zu Sätzen von Angelus Silesius

Halt an, wo läufst du hin? Der Himmel ist in dir;
Suchst du Gott anderswo, du fehlst ihn für und für.

Gott muss sich in uns bewegen,
sonst gäbe es wohl keinen Segen.

Ruh' ist's höchste Gut

Ruh' ist das höchste Gut, und wäre Gott nicht Ruh,
Ich schlösse für ihn selbst mein' Augen beide zu.

Die Ruhe und die Stille

sind ganz was anderes
und wäre die Ruhe nicht die Ruhe,
dann wäre die Stille nicht die Stille.
Ruhe ist, wenn man in Ruhe liest.
Stille ist, wenn in einem Raum eine Kerze brennt.

Gott begreift man nicht

Gott ist ein lauter Nichts, ihn rührt kein Nun noch Hier:
Je mehr du nach ihm greifst, je mehr entwird er dir.

Je mehr man von Gott wissen will, desto weiter geht er weg von hier.
Doch wenn man nur an ihn glauben will, dann kommt er ganz nah zu dir.

Gott ist in mir und ich in ihm

Gott ist in mir das Feu'r und ich in ihm der Schein:
Sind wir einander nicht ganz inniglich gemein?

Wo ist Gott?

Gott ist bei mir, ich nicht bei ihm!
Ich sehe ihn nicht, aber er mich!

Der Himmel ist in dir

Halt an, wo läufst du hin? Der Himmel ist in dir;
Suchst du Gott anderswo, du fehlst ihn für und für.

Gott muss sich in uns bewegen,
sonst gäbe es wohl keinen Segen...

Du kommst zu Gott

Wenn du wartest, kannst du zu Gott,
leg dich hin und schlaf ein.

Die unerforschliche Ursache

Gott ist ihm selber all's, sein Himmel, seine Lust;
Warum schuf er dann uns? Es ist uns nicht bewusst.

Gott ist bei uns

Gott ist ein wehender Baum,
doch sein Äste spürt man kaum.

Gott gibt gern große Gaben

Gott, weil er groß ist, gibt am liebsten große Gaben:
Ach, dass wir Arme nur so kleine Herzen haben!

Gott, weil er groß ist, hilft den Kleinen.
Gott, weil er groß ist, hilft den Armen.

94

Gott ist Nichts und Alles

Gott, der ist nichts und all's ohn' alle Deutelei,
Dann nenn was, das er ist, auch was, das er nicht sei!

Gott ist doch all's, doch ist er nichts.
So schau dich um, du siehst ihn nicht.
So ist es wahr und kein Witz.
Den Gott gibt's wirklich, oder nicht?

Gott ist viel, aber nicht alles

Wenn du sagst, das ist Gott, ist er es nicht.
Aber wenn du sagst, das könnte Gott sein, ist er es.

Gott ist vieles, aber nicht alles

Wenn du sagst zu Gott, du bist vieles, gib mir alles, geht er von dir weg.
Sagst du zu Gott, du bist vieles, aber nicht alles, kommt er glatt zurück.

Wie sieht man Gott?

Gott wohnt in einem Licht, zu dem die Bahn gebricht;
Wer es nicht selber wird, der sieht ihn ewig nicht.

Du kannst Gott nicht greifen?

Gott ist da, doch du kannst ihn nicht greifen,
willst du ihn haben, gibt es schwarze Streifen.

Gott ist mein Punkt und Kreis

Gott ist mein Mittelpunkt, wenn ich ihn in mich schließe,
Mein Umkreis dann, wenn ich aus Lieb' in ihn zerfließe.

Gott ist immer nah!
Doch ist er uns auch nah?

Wer das Himmelreich hat, kann nicht arm werden

*Das Reich Gottes ist in uns. Hast du schon hier auf Erden
Ein ganzes Reich in dir, was fürcht'st du arm zu werden?*

Gegebenes Brot ist mehr als Brot, das man behält

Der Mann, der nichts hat, ist glücklich, weil er keine Verbrecher fern halten muss.
Beim reichen Mann ist es umgekehrt.

Gott ist immer bei uns – ist immer Gott bei uns

Gott ist immer bei uns!
Ist Gott immer bei uns?

Gottes Reich ist in uns. Gottes Reich besinnt uns.
Gottes Reich sieht man nicht. Gottes Reich spürt man nicht.
Es ist aber da.

Wie Kinder zu Wort kommen

Im Jahr 1657 erschien der »Cherubinische Wandersmann« von Angelus Silesius (mit bürgerlichem Namen Johannes Scheffler). Diese »Geistreichen Sinn- und Schlussreime, zur göttlichen Beschaulichkeit anleitend« – so der Untertitel der 2. Auflage – sind ein Beispiel für die Schöpferkraft mystischer Texte, die über Jahrhunderte ihre Faszination bewahren. Sie sind Ausdruck von höchster Achtsamkeit und von einer Konzentration lebensweltlicher sowie religiöser Erfahrung in elementaren Versen. Sie sagen etwas in kürzester Form, ohne es zu verkürzen. Sie weiten zugleich die Wahrnehmung des Hörers, der seine eigenen Erfahrungen mit den Erfahrungen vergleicht, die zu diesen Sätzen führten. Angelus Silesius war immer wieder dem Vorwurf ausgesetzt, zwischen Gott und der Welt nicht zu unterscheiden, Gott und die Welt (pantheistisch) gleichzusetzen. Richtig verstanden, wird bei ihm die Welt in Gott gesehen und somit Gott in der Welt erfahren, doch Gott geht nicht in der Welt auf. Die Vorstellung Gottes übersteigt die Welt, Gottes Andersartigkeit, Unverfügbarkeit und Personsein bleiben gewahrt.

Können Kinder im 4. Schuljahr solche Sätze verstehen? Können sie mit Hilfe der Sätze ihre Lebens- und Gotteserfahrungen zum Ausdruck bringen? Wir legten den Kindern drei Verse vor:

Gott hat alle Namen und keinen

Man kann den höchsten Gott mit allen Namen nennen,
Man kann ihm wiederum nicht einen zuerkennen

Gott ergreift man nicht

Gott ist ein lauter Nichts, ihn rührt kein Nun noch Hier:
Je mehr du nach ihm greifst, je mehr entwird er dir.

Nach Gott ist alles gebildet

Gott ist von Anbeginn der Bildner aller Dinge
Und auch ihr Muster selbst, drum ist ja keins geringe.

An diesen drei Beispielen erkannten die Kinder die immer gleiche Struktur: eine Überschrift in großen Buchstaben und zwei Zeilen, die sich reimen. Inhaltlich stellten sie fest, dass es immer um Gott geht, wie man ihn nennen und begreifen kann und nicht kann, und um Gottes Schöpfung. Wir lasen mit den Kindern weitere Sätze von Silesius (Texte s.o.):

Der Himmel ist in dir
Wer das Himmelreich hat, kann nicht arm werden

Die Kinder stellten fest, dass es bei gleicher Form jetzt auch um die Beziehung Gottes zu den Menschen und zur Welt gehe. Nun legten wir im Klassenraum auf farbigem Karton zwanzig Verse von Silesius aus, darunter die bereits bekannten. Die Kinder

— lasen einige der Sätze,
— entschieden sich für eine Karte,
— schrieben sie auf ihr Arbeitsblatt,
— schrieben eigene Gedanken oder Verse dazu
— und malten entweder zum Satz von Silesius oder zum eigenen Text ein Bild.

Eindrücke und Ideen

Im Blick auf unser Sprechen von Gott lässt sich von Kindern lernen. Denn Kinder lassen sich auf die Struktur, den Sprachstil und auf die paradoxe Redeweise von Gott ein. Die Gegensätze »sehen – nicht sehen«, »da sein – nicht greifbar sein« prägen ihre Gottesrede. Aber es geht auch darum, dass Gotteserfahrung nicht »machbar« ist, um das, was in theologischer Sprache »Gnade« heißt, die absichtslos und unerwartet uns überkommt. Kinder sehen die Grenzen des Wissens über Gott. Obwohl wir Gott in der Welterfahrung begegnen, ist er der Schöpfer der Welt. Obwohl Gott da ist, entzieht er sich uns. Das »Bei-uns-Sein« Gottes wird unterstrichen *und* zugleich zurückgenommen, relativiert, in Frage gestellt: »Den Gott gibt's wirklich, oder nicht?« Die gemalten Bilder entsprechen der Bildhaftigkeit der Sprache, manchmal ist ein Vers erst vom Bild her zu verstehen (zum Beispiel die »schwarzen Streifen«, die bei dem »Greifen« in Gottes Licht entstehen). Erfahrungen Gottes erscheinen den Kindern möglich im Traum, in der Begegnung mit der Schöpfung Gottes, im Spüren, in der Ungewollheit und im Unbewussten. In den Worten von Angelus Silesius sind das alles Erfahrungen »Ohne Warum«:

Ohne warum

Die Ros' ist ohn' Warum, sie blühet, weil sie blühet,
Sie acht't nicht ihrer selbst, fragt nicht, ob man sie siehet.

Gott ist mein Punkt und Kreis

Gott ist mein Mittelpunkt, wenn ich ihn in mich schließe.
Mein Umkreis dann, wenn ich aus Lieb' in ihn zerfließe.

Der blaue Punkt ist der Mittelpunkt.
Der grüne und gelbe Kreis sind die Umkreise. Und die Wellen sind das Zerfließen.

Katharina

14. »Und deshalb lebt er durch dich weiter!«

Trostbriefe der Hoffnung über den Tod hinaus

Fragen nach Sterben und Tod beschäftigen Kinder bereits sehr früh. Erfahrungen mit dem Tod im eigenen Lebensbereich – das gestorbene eigene Tier, die schwere Krankheit eines nahen Menschen oder der Tod des Opas oder der Oma – bewegen Kinder häufig noch nach Jahren. Sie brauchen einen vertrauten Raum, Ermutigung und Erfahrung, um darüber sprechen zu können. *Geschichten* über Sterben und Tod können ihnen dabei eine gute Hilfe sein: Die (verborgene) Identifikation mit einem betroffenen Kind aus der Geschichte etwa erleichtert Kindern, sich in solche Erfahrungen hineinzuversetzen.

Das Bilderbuch »Abschied von Rune« von Marit Kaldhol mit Bildern von Wenche Oyen (Ellermann, München 1987) erzählt einfühlsam die Geschichte von Sara, die ihren besten Freund Rune verliert. Für Kinder ist diese Geschichte traurig und schön, erschreckend und hilfreich zugleich. Da Sara noch im Kindergartenalter ist, können sie sich vorstellen, als ältere Kinder ihr zu helfen und sie zu trösten. So kamen wir mit den Kindern auf die Idee, Sara einen Trostbrief zu schreiben.

Liebe Sara,

ich weiß, dass der Abschied von Rune dir sehr schwer gefallen ist, und deshalb will ich dir mit diesem Brief helfen. Dadurch, dass du mit Rune jeden Tag gespielt hast, bist du so geworden, wie du jetzt bist. Ihr habt euch gegenseitig geholfen. Und deshalb lebt er durch dich weiter. Vielleicht hilft dir folgender Gedanke: Wenn du an Orte gehst, wo ihr gerne gespielt habt oder wo ihr Spaß hattet, dann ist er ganz nah bei dir. Da bin ich sicher! Dann kannst du dich an die schöne Zeit erinnern, die ihr miteinander hattet. Und du wirst froh sein, dass du ihn immer noch spüren kannst, auch wenn er jetzt woanders ist.

Viele, viele Grüße dein Jonathan!

Liebe Sara,

wir sind alle geschockt über Runes Tod. Es hat dich sicher sehr getroffen, als du zum Wasser zurückkamst. Rune lebte nicht mehr, schrecklich! Du hast sicher geweint. Ich kann es sehr gut verstehen, ich weiß gar nicht, wie ich dich trösten kann. Dieser Brief ist ein kleiner Versuch.

Basti

Liebe Sara

Wenn du weinst, sieht und hört Rune es, dann wird er traurig, dann weint Rune auch. Wenn du weinst, kommt Rune nicht wieder, aber wenn du es erträgst und die Sorgen, die auf dir liegen, Schritt für Schritt abwirfst, dann ist Rune stolz auf dich.

Deine Freundin Katharina

Liebe Sara

Es tut mir Leid mit Rune. Ich habe auch Erfahrungen mit dem Tod gemacht. Ich weiß auch wie schwer das jetzt für dich ist. Doch Rune ist bei dir im Kopf, in der Seele und im Herz. Sicher ist Rune im Himmel und kann auf dich herunterschauen.

Dein Ben

Liebe Sara,

ich finde es auch traurig, dass Rune gestorben ist. Wenn von mir irgendeine Freundin, ein Haustier, meine Eltern oder sonst jemand, den ich gut kannte, gestorben wäre, dann hätte ich mir irgendein Andenken von demjenigen aufbewahrt. Ich hätte mir das Andenken ganz oft angeguckt und an denjenigen gedacht.

Deine Anna-Carolina

Liebe Sara,

Rune ist tot. Das finden alle schade, er war ein netter Junge. Hol alle schönen Erinnerungen zurück! Rune ist immer bei dir, wenn du an ihn glaubst. Gehe oft zum See, wo Rune gestorben ist! Denk aber auch an die nicht so schönen Zeiten. Gehe auch mal zum Grab und bete für Rune! Rune und du können trotzdem in Gedanken heiraten. Ich wünsche dir noch alles Gute!

Deine Leandra

Liebe Sara!

Wenn jemand stirbt, den man sehr gerne hat, tut das sehr, sehr weh. Man fühlt sich einsam, weil er nicht mehr da ist. Am liebsten würde man sich verkriechen. So ist es mir auch ergangen, als mein Opa gestorben ist. Ich wollte einfach nicht verstehen, warum Gott das zugelassen hat. Zuerst wollte ich ihm böse sein, aber dann hat meine Mutter mir so einiges erklärt: Je lieber man einen Menschen hat, desto mehr denkt man an ihn, und wenn man ganz fest an jemanden denkt, kann man ihn mit seiner Seele spüren. Das hat der liebe Gott so gemacht. Runes Tod ist nicht sein Ende, seine Seele lebt. Du hast Rune praktisch in dir und damit ist er dir sehr nah. Sogar näher als früher, weil er ja nie mehr von dir weggeht. Immer, wenn du willst, kannst du ihn etwas fragen. Mache einmal die Augen zu, und versuche Rune zu sehen. Sei nicht mehr traurig, Rune ist jetzt beim lieben Gott und beide sind bei dir. Es geht Rune sehr, sehr gut. Frag ihn!

Deine Tine

Eindrücke und Ideen

Die liebevoll gestalteten Briefe der Kinder gehen zu Herzen und spenden wirklich Trost ohne Vertröstung, wie die folgenden »Blitzlichter« zeigen:

»Hol alle schönen Erinnerungen zurück!« Die Kinder beschwören geradezu die Kraft der Erinnerung an Vergangenes. Sich-Erinnern – also Vergangenes zu vergegenwärtigen, sodass es Bedeutung für das jetzige und zukünftige Leben erhält – ist ein grundlegender Bestandteil ihrer Ermutigung zum Weiterleben. Damit stehen sie in der biblischen Tradition des Erinnerns: Das Exodus-Ereignis – die Befreiung des Volkes Israel durch Jahwe – prägt die Gegenwart. Das Bekenntnis zu Gott als Schöpfer meint kein Ereignis der Vergangenheit, sondern ist täglich neu zu erfahren. Jeder Gottesdienst ist eine Erinnerungsfeier an Tod und Auferstehung Jesu Christi. Die Vorstellung vom Gericht Gottes in der Zukunft – oder besser: vom Jeden-Menschen-Gerecht-Werden Gottes – betont die Verantwortung des Menschen für sein Handeln. Erinnerung hat eben auch etwas Beunruhigendes. Der Theologe J.B. Metz hat das eine »gefährliche Erinnerung« genannt. Auch Leandra fügt ihrem Gedanken hinzu: *»Denk aber auch an die nicht so schönen Zeiten.«*

»Und deshalb lebt er durch dich weiter!« Der mehrfach beschriebene Gedanke vom Weiterleben in dem anderen wird hier als Weiterleben durch den anderen noch weitergeführt. Der Mensch kommt hier bei all seiner Einzigartigkeit in der Beziehung zum anderen in den Blick. Er ist Teil der Menschheit, sowohl der lebenden als auch der verstorbenen Menschen. Diese geschichtliche Sicht der Entwicklung der Menschheit ist ebenfalls in der christlich-jüdischen Überlieferung verwurzelt.

»Rune ist jetzt beim lieben Gott und beide sind bei dir.« Bei Gott und bei sich selbst sein ist für die Kinder kein Widerspruch. So kann Rune zugleich *»im Kopf, in der Seele und im Herz«* und sicher *»im Himmel«* sein. Gemeint ist die Erfahrung Gottes innerhalb und außerhalb meiner selbst, in allen Dingen und außerhalb aller Dinge, im Herzen und im Himmel, die bereits der Kirchenvater Augustinus vor 1600 Jahren beschrieben hat.

Im Nachhinein meinten die Kinder, das Schreiben so eines Briefes könne ihnen helfen, jemanden zu trösten, wenn tatsächlich jemand gestorben sei. Ich empfahl ihnen, die Briefe gut aufzubewahren, um sie vielleicht in vielen Jahren wieder zu finden und hervorzuholen, wenn sie selbst einmal Trost brauchen. So könnten sie sich dann später von sich selbst als Kind trösten lassen. – Solche Briefe an imaginäre Partner helfen beim Umgang mit guten und schweren Erfahrungen – nicht nur Kindern.

15. »Und wenn ich einmal fliegen kann ...«

Sehnsüchte der Kinder

Einfach alles

Ich möcht ein Sack voll Blödsinn sein,
möcht tagelang nur lachen
und kreuz und quer
und vorneweg
und hinterdrein
die tollsten Sprünge machen.

Ich möcht ein Baum im Walde sein
und sanft im Wind mich wiegen,
und mutig und voll Lust
stets neue Blätter kriegen.

Ich möchte einfach alles sein,
möcht stille stehn
und springen.
Und wenn ich einmal traurig bin,
hört ihr mich leise singen.

Klaus Kordon

Ich möchte einfach alles sein,
und auch ein großer Adler.
Und wenn ich einmal fliegen kann,
dann flieg ich übers Meer.

Ich möchte einfach alles sein
und auf den Mond mal fliegen.
Und wenn ich einmal oben bin,
werd' ich im Mondstaub wühlen.

Wenn diese Träume Wahrheit werden,
such ich mir dann 'nen Freund noch aus,
wir werden's unternehmen.
Und über alles fliegen.

Ich möcht' ein Buch mit Geschichten sein
und ruhig gelesen werden,
vielen Leuten Freude machen.
Und wenn ich mal zu Ende bin,
dass sie dann ganz schön lachen.

Ich möchte einfach alles sein,
ich möchte eine Welle sein.
Und wenn ich einmal nicht ankomme,
dann bleib' ich in Erinnerung.

Ich möchte eine Tochter sein,
die ich bin, die verstanden wird,
die auch einfach Mensch sein will,
die als alles leben kann.

Ich möchte einfach alles sein,
möcht' einfach still nur sitzen.
Und wenn ich einmal fröhlich bin,
stets durch den Wald nur flitzen.

Ich möchte einfach alles sein,
möcht' Scherze und auch Unsinn machen.
Und wenn ich einmal ganz alleine bin,
ganz einfach einmal weinen.

Ich möchte einfach alles sein,
ein Stein, der alles sieht und hört.
Und wenn ich einmal leise bin,
hör' ich die Menschen reden.

Ich möchte einfach alles sein,
'ne Blume und ein Baum.
Und wenn ich einmal umgeknickt,
dann lieg ich tief im Traum.

Ich muss und kann ein Mensch nur sein,
der nur sein Leben lebt.
Und wenn er einmal traurig ist,
dann denkt er, dass er bebt.

Ich möchte einfach alles sein,
möcht' stumm sein, aber singen.
Und wenn ich einmal stille stehe,
dann sehe ich mich springen.

Ich möchte ein Land voll Frieden sein,
möcht' keinen Speer und kein Gewehr mehr sehen.
Und dann, dann soll'n
die Bäume auf mir stehen.

Wie Kinder zu Wort kommen – Eindrücke und Ideen

Bevor die Kinder das Gedicht von Klaus Kordon kennen lernten, nannten sie in einem zweifachen »Brainstorming« zunächst Wörter, die ihnen zum »Kindsein« einfielen: zum Beispiel Spaß – spielen – Schule – Sport – Freunde – Geburt – klettern – lernen – schwimmen – Musik – Abenteuer – Freude – Fußball – traurig – Glück – Geschwister – Computer – singen – Eltern – nerviger Bruder – nervige Schwester – verabreden – zu Hause. Danach ließen sie sich etwas einfallen zum Wort »Sehnsucht«: zum Beispiel allein sein – vergessen – traurig – weinen – weit weg sein – einsam – Heimweh – Tod – Schmerz – vermissen – Mutter – Vater – Abschied – Freude. Nach einem kurzen Gespräch über das Zusammengetragene waren die Kinder eingestimmt auf das Gedicht.

Klaus Kordon hat als Erwachsener seine Kindheitserinnerungen eindrucksvoll »verdichtet« in dem Satz: Ich möchte einfach alles sein (zugleich der Name der von U.-M. Gutzschhahn herausgegebenen Anthologie, C. Hanser Verlag, München 1998). Nach dem Hören des Gedichtes war dieser Satz als erste Zeile zusammen mit dem Satzanfang »Und wenn ich einmal ...« in der dritten Zeile Inspiration und Ausgangspunkt für eigene Strophen der Kinder. Wie immer konnten sie aber auch ohne Vorgabe schreiben.

Die von Klaus Kordon geweckte Kindheitssehnsucht, die Grenzen der Wirklichkeit aufzuheben und Unmögliches Wahrheit werden zu lassen, haben die Kinder aufgegriffen und weitergeführt. Ihre Träume und Visionen reichen vom Fliegen bis zum Frieden. Sie möchten das Leben aus der Sicht eines Buches, eines Steins, einer Pflanze und einer Welle erfahren oder einfach ein Mensch, einfach nur sie selbst sein. Bei all diesen Träumen haben sie gerade die stillen und traurigen Momente mit im Blick, das intensive Leben einschließlich seines Endes. So sind auch diese Gedichte Ausdruck des »mitlaufenden Anfangs«, den die Kindheit im Leben eines Menschen darstellt (s. Kap. 4), in dem aber die Frage nach dem Ende und einem neuen Anfang bereits mit enthalten ist.

Manchmal sind Kinder richtig darum zu beneiden, dass und wie sie ihre Träume und Sehnsüchte aussprechen können ... Wie sähe Ihre »Ich möchte einfach alles sein«-Strophe aus?

16. »Zu glauben heißt fragen, auch wenn man stumm ist.«

Gedanken über den eigenen Glauben

Was heißt es zu glauben?

> **Zu glauben heißt zu hoffen.**
> **Zu glauben heißt zu vertrauen.**
> **Zu glauben heißt zu fragen.**
> **Zu glauben heißt oft auch zu zweifeln.**
> **Zu glauben heißt aber immer,**
> **ganz mit dem Herzen dabei zu sein.**

Die folgende Aufschrift fand man nach dem 2. Weltkrieg an einer Wand in einem Keller in Köln, wo sich einige Juden während des Krieges verstecken mussten, um nicht ermordet zu werden:

> **»Ich glaube an die Sonne,**
> **auch wenn sie nicht scheint.**
> **Ich glaube an die Liebe,**
> **auch wenn ich sie nicht fühle.**
> **Ich glaube an Gott,**
> **auch wenn er schweigt.«**

Was sagst du zum Glauben, zu deiner Art als Kind zu glauben?

Ich glaube an die Hoffnung,
auch wenn sie nicht da ist.
Ich glaube an den Frieden,
auch wenn noch immer Krieg herrscht.
Ich glaube an das Leben,
auch wenn der Tod da ist.
Ich hoffe auf die Vertrautheit,
auch wenn es Lügen gibt.
Ich glaube an die Ewigkeit,
auch wenn ich sterben muss.

Bastian

Ich glaube an die Kraft,
auch wenn ich reglos bin.
Ich glaube an ewigen Mut,
auch wenn er seine Bahnen zieht und
wandert.
Ich glaube an Gott,
auch wenn ich im Dunklen tappe.
Wenn ich reglos bin, stellt Gott mich
höher auf.
Der Mut ist wie ein Bumerang, er fliegt
weg, aber kommt wieder.
Wenn ich im Dunklen tappe, macht
Gott im Himmel das Licht für mich an.
Ich glaube an Gott, weil sonst das Leben sinnlos ist.

Ben

Ich glaube an Leben,
auch wenn es keins mehr gibt.
Ich glaube an Licht,
auch wenn es dunkel ist.
Ich glaube an mich,
auch wenn ich versage.
Ich glaube an die Welt,
auch wenn es sie nicht mehr gibt.
Ich glaube an Liebe,
auch wenn es nur noch Hass gibt.
Ich glaube an Gott,
auch wenn man es mir verbietet.
Ich glaube an Jesus,
auch wenn es ihn nicht mehr gibt.

Markus

Ich glaube an die Natur,
auch wenn sie nicht mehr lange
sauber ist.
Ich glaube an die Sonne,
auch wenn sie so weit weg ist.

Ruth

Ich glaube an Gutes,
auch wenn Böses geschieht.
Ich glaube an die Freude,
auch wenn die Trauer sie überragt.
Ich glaube an das Leben,
auch wenn der Tod unendlich ist.
Ich glaube an den Frieden,
auch wenn der Krieg manches Mal siegt.
Ich glaube an das Licht der Welt,
auch wenn es manchmal erlischt.
Ich glaube an Gottes Werke,
auch wenn sie nicht bewiesen sind.

Christine

Ich glaube an den Frieden,
auch wenn er manchmal nicht wach
wird.
Ich glaube an Gottes Macht,
auch wenn er sie versteckt hält.

Ich glaube, dass man an den Zweifel
glauben kann,
auch wenn das ein Gegenteil ist.

Dan

Ich glaube, dass Gott alle lieb hat,
auch wenn es Krieg gibt.
Ich glaube ans Fragen,
auch wenn mich keiner versteht.
Ich glaube ans Hoffen,
auch wenn es nichts bringt.

Philipp

Ich glaube an die Liebe,
auch wenn sie sich nicht zeigt.

Katharina

Ich glaube an Gott,
auch wenn er sich nicht zeigt.

Peter

Ich glaube dir,
auch wenn du lügen kannst.
Ich glaube meinem Herzen,
auch wenn es mir schlechte
Nachrichten bringt.
Ich glaube ans Leben,
auch wenn der Tod nahe ist.

Laura

Ich glaube an ein Wunder,
auch wenn es keins gibt.
Ich glaube an das Reden,

auch wenn die Welt schweigt.
Ich glaube an das Beten,
auch wenn es keiner sieht.

Eric

Ich glaube an die Liebe,
auch wenn nur der Hass da ist.
Ich glaube an den lieben Gott,
auch wenn er alles über uns
ergehen lässt.

Heinrich

Ich glaube an das Glück,
auch wenn es woanders ist.
Ich glaube, dass es weitergeht,
auch wenn es im Moment still steht.

Julia

Ich glaube an Gott,
auch wenn er manchmal schweigt.
Ich glaube, ihn zu verstehen,
auch wenn ich ihn nie gehört habe.

Kian

Ich glaube an Wunder,
auch wenn sie nicht geschehen.

Jonathan

Ich glaube an Gott,
auch wenn ich ihn nicht höre.

Nils

Ich glaube an Vertrauen,
auch wenn mich der Mut verlässt.
Ich glaube an einen Weg,
auch wenn er nicht vor meinen
Füßen liegt.
Ich glaube an Gott,
auch wenn ich ihn nicht sehe.
Zu glauben heißt zu denken.
Zu glauben heißt zu verstehen.
Wenn Gott an meiner Seite ist, finde
ich neuen Mut. Ich finde den Weg
durch Denken. Er liegt mir zwar nicht
zu Füßen, aber ich vertraue auf Gott.
Man muss nicht alles sehen, um dran
zu glauben.

Sebastian

Zu glauben heißt Frieden und Ruhe.
Zu glauben heißt zu hoffen und nicht
aufzugeben.
Zu glauben heißt fragen, auch wenn
man stumm ist.

Aline

Wie Kinder zu Wort kommen – Eindrücke und Ideen

Wenn wir von, über und mit Gott sprechen, ist immer die Sichtweise unseres persönlichen Glaubens mit im Spiel. Die Glaubwürdigkeit des Glaubens an Gott hängt entscheidend davon ab, ob Glaubenserfahrungen und -einsichten auch als solche erkennbar sind, ob also der Glaube auch zur Sprache kommt.

»Was heißt es zu glauben?« Diese Frage stellte ich Kindern und ergänzte im Gespräch ihre Antworten mit meinen fünf Sätzen (s.o.). Ihre Beschreibungen des Glaubens waren vielfältig: Zu glauben heißt, »ganz fest an Gott zu glauben, dass es einen Weg zu Gott gibt, zu fühlen, zu lieben, zu denken, zu hoffen, zu heilen, im Glauben die Kraft erhalten, gesund zu werden«. Die Kinder stimmten mit Nachdruck meiner Frage zu, dass das Zweifeln mit zum Glauben gehöre und nicht etwas anderes als das Glauben sei: »Wenn man nie Zweifel an Gott hat, kann man nicht glauben, weil es dann Wissen wäre.« »Man glaubt auch an den Zweifel. Ohne Zweifel gibt es keinen Glauben.« Der Zweifel qualifiziert sozusagen erst den Glauben und macht ihn glaubwürdig.

Die größte Infragestellung des Glaubens ist das schuldlose Leiden der Menschen. Ich erinnerte die Kinder an das Schicksal der Juden in unserem Land und an die damit verbundene unglaubliche Anfrage an ihren Gottesglauben. Ich erzählte von den Juden, die sich in einem Keller in Köln während des Krieges verstecken mussten und las ihnen das erschütternde und unerschütterliche Zeugnis des Glaubens vor, das an einer Kellerwand gefunden wurde. Nach dem gemeinsamen Lesen dieser Sätze auf ihrem Schreibblatt hatten die Kinder das Wort. Die strukturierende Vorgabe für ihre Sätze – »ICH GLAUBE ...., AUCH WENN ....« (dreimal auf jedem Blatt) – konnten sie aufgreifen und weiterschreiben, auf den darunter stehenden Leerzeilen dann auch frei.

Die Texte der Kinder sind durchweg geprägt von einem »Trotzdem«. Sie haben Hoffnung trotz allen Leids, sie sehen das Licht im Angesicht aller Erfahrungen der Dunkelheit, sie setzen auf die Liebe gegen allen Hass. Dieses trotzige »Dennoch« gegen alle Erfahrung macht auch vor Gott nicht halt. Obwohl Kindern Gott verborgen bleibt, sie ihn nicht verstehen oder seine Grenzen sehen, vertrauen sie auf Gott und erfahren sie Ermutigung durch Gott. Weil sie die Wirklichkeit nicht außer Acht lassen, den Zweifel und das Leid mit in ihrem Glauben aufnehmen und Gott nicht als billige Vertröstung und Garant einer heilen Welt verstehen und erfahren wollen, kommen sie zu außergewöhnlichen Glaubensbekenntnissen.

Solche Zeugnisse sind tragfähige Ermutigungen für uns Erwachsene, wenn wir die Texte nur langsam an uns herankommen lassen: Welches Hoffnungspotenzial verkörpern unsere Kinder!

➤ **Diese Bilder mit einer ähnlichen Komposition malten zwei Kinder zu verschiedenen Themen. Wenn Kinder die Möglichkeit haben, drücken sie sich sehr häufig und gern in Farben und abstrakten Formen aus. Hinter diesen scheinbar ungegenständlichen Bildern verbergen sich jedoch oft sehr konkrete Geschichten, wenn die Kinder ihr Bild kommentieren. Die Bilder eröffnen die Möglichkeit des Erzählens.**
ANGELAS Bild zur Frage nach Leid und Gott und zur Musik »Why« (s. auch Seiten 88 und 88a) verbindet Farbigkeit mit bedrohlicher Dunkelheit. Eine schwarze, nur durch einen Kreis roter Tupfer unterbrochene Fläche öffnet den Blick auf einen Farbkreis, dessen Mittelpunkt wiederum tiefschwarz ist.
ANNA-CAROLINA hat das Wasserfarben-Bild am Ende der Zugänge zu den Wundern Jesu als ihr »Wunder-Bild« entworfen (s. Kap. 17). Sie erklärt: »Ich habe das Bild so gemalt, weil das Orange, das soll Wunder sein, es platzt einfach durch die zum Teil dunklen Farben durch.«

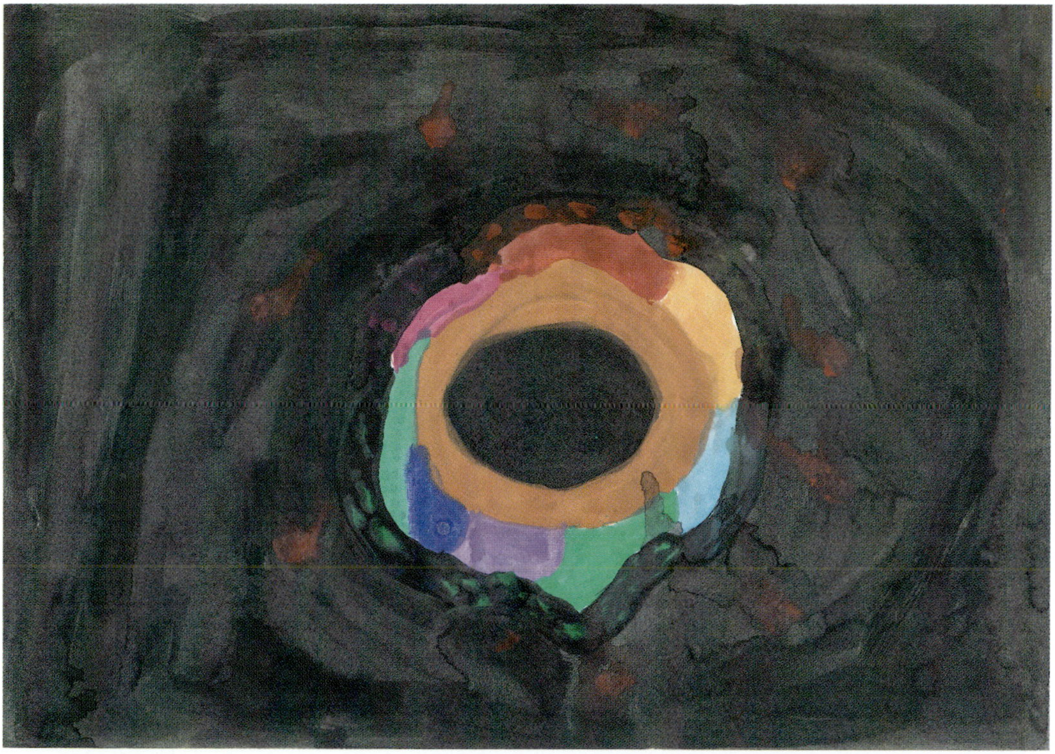

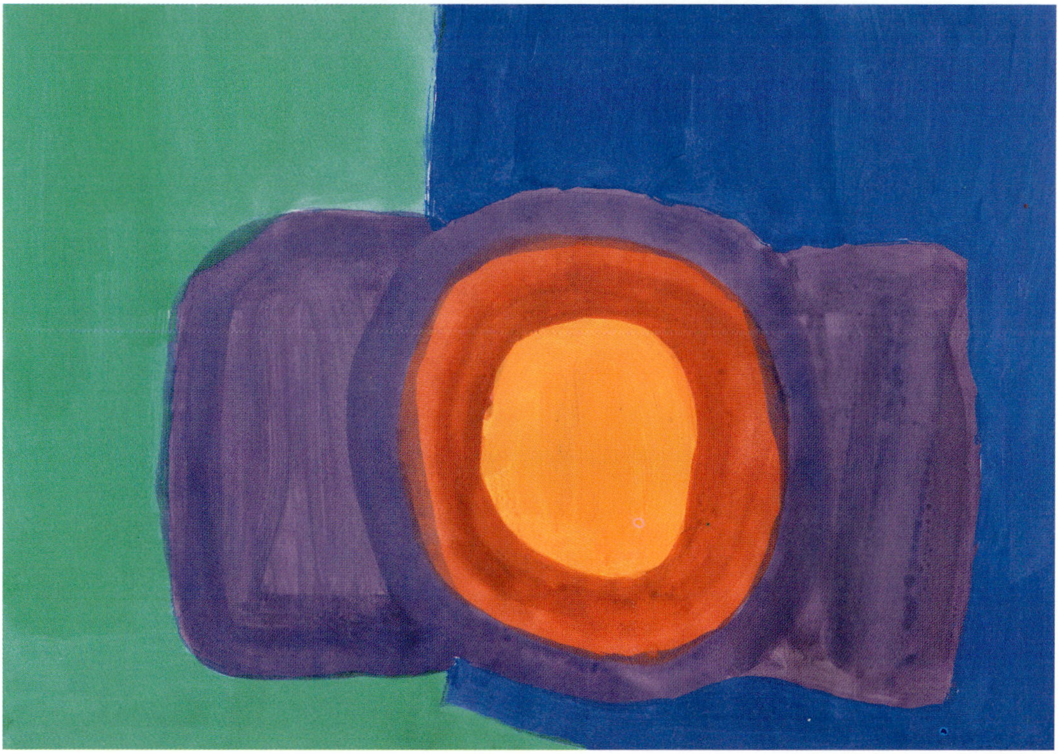

17. »Wenn es Wunder nicht gibt, dann gäbe es dich auch nicht!«

Was für Kinder Wunder sind

1. Zugänge aus eigener Anschauung

Was fällt dir im Augenblick ein, wenn du das Wort WUNDER hörst?

Die Welt ist geschaffen und ist schön aufgebaut. Was für ein Wunder, dass Gott auf der Erde war und ist!

Das Leben ist ein Wunder.

Gott. Denn Gott ist das Wunder.

Regenbogen, Wellen, Farben, Licht, Berge, Sand, Schmetterling, Märchen, Musik, Himmel, Wolken, Dünen, Phantasie, Kinder, Freude, Liebe.

Dass ich lebe. Dass die Erde entstanden ist. Dass ich zwei Brüder habe.

Was für uns alltäglich ist, das ist manchmal für andere ein Wunder und was für uns Wunder sind, ist für andere alltäglich.

Was fällt dir zu Wundern in der Bibel ein?

Das finde ich, ist immer sowas, wo man sich erschreckt oder sich freut.

Gibt es die Wunder wirklich in der Bibel oder sind sie ausgedacht?

Die Entstehung der Welt. Jesus wird geboren.

Ein Wunder in der Bibel ist Jesu Auferstehung.

Als ihr vor kurzer Zeit über euren Glauben nachgedacht habt, schrieben mehrere Kinder: »Ich glaube an Wunder, auch wenn sie nicht geschehen.« Was sagst du dazu?

Ich finde, die Kinder, die das geschrieben haben, die haben Recht. Es gibt Wunder. Man sieht sie nicht, aber es gibt sie.

Ich glaube auch an Wunder und es ist egal, wenn sie nicht geschehen.

Es gibt auch Wunder, die man nicht merkt, z. B. wenn du einen Unfall machen wirst und du weißt das nicht, dann wird das Wunder dich oft beschützen. Ich glaube nicht, dass es nicht Wunder gibt.

Wunder sieht man nicht, man weiß es nur im Nachhinein.

Ich glaube an Wunder, denn in sich drin können sie dann geschehen.

Irgendwann werden Wunder auch geschehen, man muss nur daran glauben.

> Erkläre jemandem, der alle Wörter kennt, nur nicht das Wort
> WUNDER, dieses Wort WUNDER!

Es erinnert mich an Gott. Es ist ganz schön, kann groß sein und klein sein.

Wunder sind so gut wie unbeschreiblich, man muss sie kennen. Wenn man nicht dran glaubt, können sie vergehen.

Ein Wunder ist, wenn es Armen, Hungernden und Leidenden von einem auf den anderen Tag gut geht.

Ein Wunder ist, wenn ein Kind todkrank ist und durch die Liebe der Mutter wieder gesund wird.

Ein Wunder ist für mich: Wenn zum Beispiel Gott auf die Erde kommen würde, und man Gott sehen könnte.

Das Wunder bin ich und meine Freunde, meine Eltern, meine Katze und meine Schwester (weil sie so doof ist).

Wunder, das sind Träume, die plötzlich wahr werden.

Wunder sind wunderbare Sachen. Zum Beispiel Jesus, er ist auferstanden, das war bestimmt ein Wunder. Oder wie die Erde entstanden ist, das war auch ein Wunder.

Wunder sind Geschenke von Gott. Sie passieren ganz oft.

Für mich ist das Wort Wunder die Welt, die Menschen, du, ich, dass wir auf der Welt leben dürfen. Das ist mein Wunder. Du kannst glücklich sein, dass Gott uns so ein Wunder erschaffen hat.

2. Einfühlung in die Wundererzählung von der Heilung des Gelähmten (Markus 2,1-12)

Ich bin lahm

Ich bin lahm. Ich wünsche mir eigentlich nichts anderes als laufen zu können. Was anderes kann ich mir nicht wünschen. Fahrrad fahren und richtig spielen kann ich nicht. Bald ist zum Glück Weihnachten. Ich wünsche mir ein paar Bücher, ein bisschen was zum Spielen und mehr. Aber mein größter Wunsch ist das Laufen. »Das kann dir keiner erfüllen«, sagen meine Eltern. Als dann Weihnachten war, bekam ich fast alles, was ich mir wünschte, die Bücher und das andere. Ich bekam einen Rollstuhl mit Joy-stick und Schnelligkeit. Nur ich konnte nicht laufen. Als ich am nächsten Morgen aufwachte, sagte ich zu meiner Mutter: »Ich hab' das Gefühl, dass ich aufstehen kann!« »Nein, das kannst du nicht«, sagte Mama und wollte mich in meinen Rollstuhl setzen, da fiel ich auf den Boden. Nach kurzer Zeit stand ich plötzlich auf und lief zu den anderen. Alle freuten sich so sehr, dass wir vier Tage lang feierten und die ganze Verwandtschaft war da. Ich bekam viele Geschenke, aber das größte Geschenk war, dass ich wieder laufen konnte.

Mira

Manchmal bin ich richtig gelähmt

Manchmal bin ich gelähmt,
ich bin gelähmt, wenn ich traurig bin,
ich bin gelähmt, wenn ich Angst hab.
Manchmal bin ich gelähmt,
es kommt mal oft vor, mal wenig vor.
Wenn ich vor Freude gelähmt bin,
dann ist es gelähmte Freude,
die mag ich gerne.
Manchmal bin ich gelähmt.

Laura

Gelähmt sind mir Hände und Füße

Gelähmt sind mir Hände und Füße,
und ich frag mich, ob Gott mir etwas büße
oder ob nur das Gefühl, nichts zu tun,
wenn Schlimmes passiert,
meine Beine und Hände lässt ruhn?

Christine

Gelähmt wann und wo?

Gelähmt ist man nicht
wenn ein Auto mit im Spiel ist
oder ein Krokodil beim Nil ist
kein Angriff ist so stark
wie der der Traurigkeit

Dan

116

Gelähmt sind mir Hände und Füße

Sind mir gelähmt Hände und Füße,
sind mir gelähmt auch die Beine,
ich kann mich nicht rühren,
doch ich kann gehn,
was kann ich tun?
Ich kann nur ruhn,
doch was ist das da,
meine Hände, sie sind starr,
jetzt muss ich liegen
und kann mich nicht mehr wiegen.
Doch nun fliegt die Starrheit vorbei,
jetzt kann ich mich wiegen
und liegen muss ich auch nicht mehr.
Waren mir gelähmt Hände und Füße.

Hille

Gelähmt sind mir Hände und Füße

Gelähmt sind mir Hände und Füße,
zum Gehen und Tun,
doch das ist hier nicht gemeint.
Weglaufen wollen,
aber nicht können,
ahnungslos, wie's weitergeht,
man steht vor einer Wand.

Wütend ist man,
doch der, auf den die Wut fällt,
ist nicht da.
Traurig, doch die, die trösten können,
wollen nicht,
und sie sind größer,
man kann nichts machen.

Man ist sauer,
aber weit und breit keine Rettung
im Trauermeer.
Einem ist alles egal,
man ist einsam, wütend
und man würde am liebsten die Klippe
runterspringen.

Ben

3. Gründe für Erwachsene, an Wunder zu glauben

Wenn es Wunder nicht gibt, dann
gäbe es dich auch nicht.

Ein Mensch, der keine Wunder kennt,
der ist kein Mensch.

Man sollte an Wunder glauben, weil
sie einem wieder Mut und Freude geben.

Man wird wieder Kind. Man hat neue
Phantasie. Die Welt wird ganz bunt.

Dann gäbe es Gott nicht, denn er ist ein Wunder.

Wenn es keine Wunder gibt, was war dann Jesus?

Was tust du, wenn du einmal keine Erklärung findest? Bitte, erkläre mir mal, was nach dem Tod ist.
Na, keine Lösung?

Die Erwachsenen sollten an Wunder glauben, weil sonst sind sie zum Beispiel ganz verärgert und merken nicht, dass die Küche jetzt aufgeräumt ist.

Wenn man nicht merkt, dass ein Wunder geschieht, kommt es auch nicht mehr zu einem.

Wunder bleiben Wunder, ob man erwachsen ist oder noch ein Kind.

Das größte Wunder ist von Gott, nämlich die Erde.

Und wenn dann mal ein Kranker ist, und der muss ins Krankenhaus, weil er sonst stirbt. Doch dann auf einmal ist er wieder fit. Dann denkst du, das passiert doch alle Tage. Dann sei doch froh, dass dir das mal passiert, denn ein kleines Wunder ist es schon. Und immer, wenn dir sowas passiert, denke bitte daran, was ich dir hier gesagt habe. Denn ein kleines Wunder war es schon.

Glaub an Wunder, denn erst wenn man an Wunder glaubt, können sie auch passieren.

Wie Kinder zu Wort kommen – Eindrücke – einige biblische Hintergründe

Ist Jesus übers Wasser gegangen? Hat er mit fünf Broten 5000 Leute gesättigt? Hat er Lahme, Taube und Blinde geheilt? Solche Fragen fallen nicht nur Kindern ein, wenn sie von Wundern in der Bibel hören. Der immer neu aufflackernde Streit um die Wunder zeigt an, dass im Christentum viel an ihnen hängt. Wie können wir Wunder in der Bibel ernst nehmen, ohne einem naiv-magischen Wunderverständnis zu verfallen? Wie hat Jesus selbst sie verstanden? – Einige biblische Hintergrundinformationen helfen Ihnen vielleicht auch persönlich, mit diesen Fragen sinnvoll umzugehen.

Die drei »Blitzlichter« aus einer Unterrichtsreihe im 4. Schuljahr und die folgenden skizzierten Erfahrungen mit den Wundererzählungen (s. auch die Farbseiten 112a und 128a) zeigen, was Wunder für Kinder bedeuten, und führen zur Frage hin, wie sie aus Sicht der Bibel gemeint sind.

1. Die zur Einstimmung gestellten Fragen zeigen das Wunderverständnis der Kinder ohne die Erklärungen der Erwachsenen. Die Kinder beziehen sich sowohl auf ihre Alltagserfahrungen als auch auf biblische Texte bzw. Erfahrungen und Einsichten aus ihrem Glauben. Als Wunder bezeichnen sie mehrfach Gott, die Erschaffung der Welt durch Gott, das eigene Ich bzw. allgemein die Menschen sowie die Auferstehung Jesu. Wundererzählungen selbst werden kaum erwähnt. Überraschend oft nennen die Kinder den Glauben der Menschen als Voraussetzung dafür, dass ein Wunder geschieht.

Im Unterricht standen dann verschiedene Heilungswunder Jesu im Mittelpunkt. Nach dem Stand heutiger Bibelforschung gilt bei diesen Erzählungen ein historischer Hintergrund als sicher. Jesus hat ohne Zweifel Wunder getan: Er hat Kranke geheilt. Bei diesen Geschichten – zum Beispiel von der Heilung der zwei Blinden (Matthäus 9,27–31) – ist der Glaube eine notwendige Voraussetzung für die Heilung. Dementsprechend kann kein Wunder geschehen, wo der Glaube fehlt (Markus 6,1–6). Das hatten die Kinder ja bereits erwartet. Ihnen wurde klar: Jesus ist kein »Zauberer« und »Supermann«, der um seiner selbst willen Wunder vollbringt. Es geht ihm um die Menschen, um ihr Heil. Dementsprechend verbietet er immer wieder, anderen von den Wundern zu erzählen (zum Beispiel Matthäus 9,30).

2. Nun gaben wir den Kindern drei Sätze zur Erfahrung der Lähmung als Impulse, sich selbst auf die Erfahrung einer »wunderbaren« Befreiung einzulassen. Die Kinder wählten einen Satz als Überschrift aus und schrieben Erfahrungen eines Menschen auf, der so etwas sagt. Daraufhin erzählte ich die Geschichte von der Heilung des Gelähmten (Markus 2,1–12). Dabei ließ ich bei der Vorstellung des Gelähmten einige Kinder miterzählen: Sie lasen an passenden Stellen ihre Erfahrungen und Gedanken vor, die so zu den Worten des Gelähmten wurden.

Später kamen wir zu drei für heutige Menschen mit aufgeklärtem Weltbild »anstößigen« Wundererzählungen aus dem Matthäus-Evangelium: dem Sturm auf dem See, der Speisung der Fünftausend und dem Gang auf dem Wasser. Schon unsere Ankündigung nahm die Schwierigkeit ernst, solche Wunder zu begreifen: »Diese Wundererzählungen sind weit schwerer zu verstehen als die Heilungswunder Jesu, weil hier ganz und gar Unglaubliches erzählt wird! Wir wollen euch zuerst helfen herauszufinden, wie ihr selbst die Geschichten versteht. Nur eins sagen wir vorher: Anders als die Heilungswunder sind diese Geschichten erst erzählt worden, als Jesus gestorben und auferstanden war. Vielleicht kann es euch helfen, wenn ihr diese Wundererzählungen als Auferstehungsgeschichten hört und versteht. Die ersten Christen haben hier etwas über Jesus Christus als Auferstandenen erzählt!« Nach dem Hören und nochmaligen Lesen der Wundererzählungen unterstrichen die Kinder den Satz, der ihnen am meisten half, die Geschichte zu verstehen. Sie wählten eine Wundererzählung aus, schrieben dazu drei verschiedene Meinungen auf und kennzeichneten davon eine als ihre eigene.

Das Unterstreichen zeigt die Schwerpunkte des Verstehens der Geschichte. Nur wenige Kinder unterstreichen Sätze, die das Wunder selbst beschreiben. Viele Kinder dagegen treffen zentrale Sätze der Erzählungen: beim Sturm auf dem See Jesu Frage »Warum habt ihr solche Angst, ihr Kleingläubigen?«, beim Gang auf dem Wasser den Zuspruch Jesu »Habt Vertrauen, ich bin es, fürchtet euch nicht!« und bei der Speisung der Fünftausend Jesu Aufforderung an die Jünger »Gebt ihr ihnen zu essen!«

Bei der eigenen Meinung der Kinder zur gewählten Wundergeschichte überwiegt die Glaubenszustimmung. Als Begründung heißt es, dass das so geschehen kann, wenn Gott bzw. Jesus das will. Nur wenige Kinder zweifeln, doch alle können zweifelnde oder ablehnende Positionen darstellen. Das zeigt den begonnenen Übergang in der religiösen Entwicklung, der eine Durchbrechung der Naturgesetze grundsätzlich in Frage stellt. In diesem Prozess brauchen Kinder Begleitung, damit ein reiferes Glaubensverständnis möglich wird.

Von den Kindern gefragt, sagte auch ich ihnen meine Meinung zu diesen Wundern:

Zum Sturm auf dem See (Matthäus 8,23-27)

»Ob Jesus wirklich einen Sturm beendet hat, weiß ich nicht. Ob er es gekonnt hätte, kann ich nicht verneinen, aber auch nicht beweisen. Das ist, glaube ich, auch nicht die entscheidende Frage der Geschichte. Die ersten Christen haben diese Geschichte erzählt, als sie selbst Angst hatten, sich bedroht fühlten von den feindlichen Römern, ihnen von allen Seiten sozusagen ein Wind entgegenblies und sie das Gefühl hatten, auch Jesus, der gestorben war am Kreuz, lässt sie allein, er schläft. Doch dann erfuhren sie, dass er doch bei ihnen ist, auferstanden ist und ihnen helfen kann. Das alles erzählen sie in dieser Geschichte vom schlafenden, doch dann auf wunderbare Weise helfenden Jesus Christus.«

Zur Speisung der Fünftausend (Matthäus 14,13-21)

»Dass in der Nähe Jesu viele Menschen mit wenig zum Essen satt werden können, wenn sie alles geschwisterlich teilen, kann ich mir vorstellen und glauben. Doch wieder ist das nicht die entscheidende Frage. Auch hier erzählen Christen nach dem Tod und der Auferstehung Jesu von dem, wie es ihnen geht, was sie tun und was ihnen Jesus bedeutet: Dass sie ihm an den fernsten Ort folgen wollen, bis in den Tod hinein, dass sie bei ihm sein und von ihm etwas hören wollen, mit ihm und miteinander alles teilen und gemeinsam essen wollen. Das alles taten sie und tun Christen bis heute im Gottesdienst, in der Eucharistiefeier. Im Brot der Hostie ist Jesus Christus uns ganz nah. Er ist das Brot, das niemals endet.«

Zum Gang auf dem Wasser (Matthäus 14,22-33)

»Wieder ist Jesus allein. Er will die Einsamkeit, ist auf dem Berg, nah bei Gott, ist weit weg von den Menschen. Als drei Nachtwachen herum sind, in der vierten Nachtwache, kommt er wieder, erscheint auf dem See, wie auferstanden. Das hätte keine Kamera filmen können, so wie Jesu Auferstehung niemand gesehen und im Bild festgehalten hat. Doch ich glaube, dass es für uns wahr werden kann wie für Petrus in der Geschichte, wenn er Vertrauen hat, den Untergang überwindet, durch den Tod hindurchgeht. Ich glaube, dass wohl kein Mensch daran glauben kann, ohne zu zweifeln, und dass man wie in der Geschichte erst ganz am Ende erkennen kann: Ja, das ist wirklich Gottes Sohn!«

3. Schließlich hörten die Kinder das Lied »Erwachsen« von Gerhard Schöne, in dem es heißt: »Du glaubst an keine Wunder mehr, du bist ja so erwachsen.« Jedes Kind schrieb Gründe für Erwachsene auf, an Wunder zu glauben. An Stelle einer Kommentierung sei hier ein Rückblick dargestellt, zu dem wir die Kinder aufforderten: »Denke an alle Wundererzählungen, die du kennen gelernt hast. Manche haben wir auch Auferstehungsgeschichten genannt. Fallen dir vielsagende andere Namen ein, die man den Geschichten geben könnte?«

Geschichten vom Leben	Nachdenkgeschichten
Glaubensgeschichten	Friedensgeschichten
Fragegeschichten	Freudengeschichten
Heilungsgeschichten	Kindergeschichten
Freiheitsgeschichten	Ruhegeschichten
außergewöhnliche Geschichten	unglaubliche Geschichten
Gütegeschichten	Großzügigkeitsgeschichten
Mutmachgeschichten	Lerngeschichten
Vertrauensgeschichten	Aufmunterungsgeschichten
Freundschaftsgeschichten	Liebesgeschichten

Rückblickend betrachtet sind die Äußerungen der Kinder zu den Wundern dem nah, was Bibelwissenschaftler heute zu den Wundern Jesu sagen. Es ist zu kurzschlüssig, Wunder nach unserem neuzeitlichen Weltverständnis als Durchbrechung allgemein gültiger Naturgesetze zu verstehen und die Frage nach den Wundern in der Bibel auf die Frage zu beschränken, ob sie tatsächlich geschehen sind. Die Wundererzählungen sind keine historischen Tatsachenberichte, das heilende Handeln Jesu hat jedoch geschichtlichen Hintergrund. Die Wundererzählungen sind weder »Beweise« für den Glauben noch geschickte Mittel zur Erklärung theologischer Lehren, wohl aber heute wie damals ein Sprachangebot, die Wirklichkeit der Menschen, das eigene Leben vor und mit Gott zu deuten. So gesehen gehören »Wunder« zum Leben, wenn der Glaubende darüber nachdenkt. Kinder sprechen das viel direkter an als wir Erwachsene.

Dieser Sinn der Wunder zeigt sich auch in den Antworten der Kinder auf die Frage, was ihnen an den Wundergeschichten als Auferstehungsgeschichten wichtig ist:

»Mir ist am wichtigsten, dass Jesus zu den Jüngern gesagt hat, dass sie das Essen unter allen Leuten aufteilen müssen. So wurden alle satt.«

»Die Geschichte mit dem Berg, wo der gebetet hat, ist mir wichtig, weil das hilft öfters, still zu beten.«

»Bei dem Gang auf dem Wasser ist mir etwas wichtig. Jesus sagt zu Petrus: Komm! Das find ich toll, das ist doch was. Ich sage ja auch nicht einfach zu dir: Komm!«

»Die Geschichten, ob man sie glaubt oder nicht. Manchmal ist es schwierig es zu glauben.«

»Dass man sich noch 2000 Jahre danach die Geschichten von Gott, Jesus, den Jüngern und den Menschen erzählt.«

»Dass es in allen Geschichten nicht darum geht, ob es passiert ist, sondern es geht darum, ob es passiert sein könnte. Aber auch das ist nicht der wichtigste Punkt. Am wichtigsten ist nämlich, was man mit den Geschichten sagen will. Zum Beispiel die Geschichte mit dem Sturm: Die haben sich die Menschen erzählt, wenn sie Angst hatten, denn die wollten sagen, dass Jesus immer bei uns ist, auch wenn wir ihn nicht sehen.«

18. »Es war einmal eine Mutter, die hatte großen Kummer ...«

Jesus-Geschichten,
die in der Bibel stehen könnten

1. Wundergeschichten, die von Jesus erzählen

Das Heil-Wunder

Einmal kam eine Frau zu Jesus nach Hause. Sie hatte ein kleines Mädchen dabei. Das Mädchen trugen zwei Männer auf einer Liege. »Was ist mit ihr?«, fragte Jesus sehr interessiert und ernst. »Sie kann nicht laufen, nicht hören, nicht sehen und nicht sprechen. Sie kann sich überhaupt nicht mehr bewegen. Sie isst fast nichts mehr und trinkt nicht!«, antwortete die Frau. Jesus sagte: »Was ist nur, Vater, wieso lässt du sie nicht leben?«, rief Jesus. »Wahrscheinlich hat er sie vergessen!«, sagte einer der Männer. »Das kann nicht sein, Gott vergisst keinen!«, sagte Jesus. Jesus ging zu der Liege und bückte sich. Das Mädchen machte die Augen auf, und obwohl es blind war, sah sie Jesus. Jesus berührte erst die Augen und dann alles, womit sie nichts anfangen konnte. Das war der Anfang eines neuen Lebens.

Mira

124

Der Stumme

Jesus war mit seinen Jüngern auf dem Weg nach Nazareth. Da sahen sie jemanden am Straßenrand. Jesus rief: »Haltet an, ich will sehen, wer dort sitzt!« Die Jünger hielten an und Jesus fragte: »Wer bist du?« Der Mann antwortete mit Zeichensprache: »Ich bin stumm.« Da sprach Jesus: »Sollen sich deine Ohren öffnen und der Schleier deiner Zunge soll sich heben und deine Stimme sprechen lassen.« Der Stumme öffnete den Mund und sprach leise vor Verwunderung: »Danke, Herr.« Und lief davon.

Julia

Der Glaube an Gott

Es hatte sich mit den Wundern von Jesus herumgesprochen und alle glaubten ihm, aber die Sache mit Gott, das glaubten die Einwohner einfach nicht. Doch als Jesus sagte: »Ich gehe für vier Nächte und Tage auf einen Berg«, sagten die Einwohner: »Nein, geh nicht von uns, wer soll uns denn beschützen?« Da sagte Jesus: »Gott wird euch beschützen.« Dazu meinten die Einwohner nur: » Gott, Gott gibt es nicht, keiner auf der Welt hat Gott gesehen, also gibt es ihn nicht.« Aber als Jesus weg war, geschah den Bürgern gar nichts. Und da sagten sie endlich: »Wir haben uns geirrt, es gibt Gott, ein Wunder ist geschehen.«

Dan

Die Lebensgeschichte

Als Jesus mit seinen Jüngern durch die asphaltierten Straßen ging, sagte Petrus: »Guck mal, da vorn da sitzt ein Kind, ganz kalt und hungrig sieht es aus, komm wir helfen ihm.« »Ja, ich habe es auch gesehen, geht nur hin und gebt ihm, was es braucht«, entgegnete Jesus ihm. »Wir?«, fragten die Jünger. »Ja, ihr«, sagte Jesus. Da gingen die Jünger zu dem Kind, gaben ihm zu essen und zu trinken und nahmen es mit. Da dankte es den Jüngern, weil sie so nett zu ihm waren. Am Abend saßen sie zusammen: Jesus, die Jünger und das Kind. Da sprach Jesus wie an allen anderen Tagen das Abendgebet.

Hille

2. Gleichnisgeschichten, von Jesus erzählt

Die Wandlung

Jesus rief seine Jünger zusammen. Er wollte ihnen wieder einmal eine Geschichte erzählen: »Ein Mann war alt. Er wusste schon sehr viel über die Menschen und über die Natur. Er hatte zwei Söhne. Die rief er zusammen. Er wollte mit ihnen etwas besprechen. Sie wussten, dass er bald sterben müsste. Er war nämlich sehr krank. Er wollte mit ihnen noch einmal in den Wald gehen und zum See. Dort zeigte er ihnen den Frosch. Der Mann sagte den Söhnen: ›Der Frosch hat eine große Wandlung hinter sich. Der Schmetterling auch, erst war er eine Raupe, dann ein Schmetterling. So eine Wandlung hat auch der Mensch vor sich. Erst ist man klein, dann ist man groß, dann ist man alt und dann tot. Die Wandlung macht alles anders.‹ So wird es auch mit euch gehen«, sagte Jesus.

Britta

Als die Jünger mit Jesus auf einem Stein saßen, sagte Jesus: »Hört, ich erzähle euch eine Geschichte. Ein armer Bauer fand bei seinem Spaziergang ein goldenes Kästchen. Er fragte sich, was wohl darin sei. Aber er machte es nicht auf, sondern er verkaufte alles, was er hatte, um sich das Waldgrundstück zu kaufen. Ein paar Tage später kaufte er das Stück. Und dann holte er sich den Schatz. Wer weiß, was da wohl drin war? Vielleicht der Glauben oder die Liebe oder ein Schatz, wer weiß?«

Laura

Jesus erzählt: »Es war einmal ein Mann, der unglaublich reich war. Er war zwar reich, aber ebenso unglaublich traurig, weil er keine Freunde hatte. In einer ganz normalen Nacht erschien Gott in seinem Traum. Er sagte: ›Ich habe gehört, dass du sehr traurig bist, obwohl du alles hast, außer Freunden. Aber ich weiß, dass Freunde manchmal wichtiger sind als Geld, darum will ich dir einen Rat geben. Mit dem Geld kannst du Freunde gewinnen, aber nur bestimmte Leute. Nämlich die Armen.‹ Als der reiche Mann aufwachte, wusste er nur die Hälfte von dem, was Gott ihm gesagt hatte. Er überlegte, was Gott gemeint hatte mit den Armen, er hatte nämlich den Teil verpasst mit dem Geld. Als er einkaufen ging, fiel ihm eine Münze aus der Tasche. Ein Armer nahm sie und bedankte sich bei ihm, jetzt wusste er, wie man Freunde kriegt.«

Dan

Als Jesus an eine Stadt kam, ging er zu den Menschen, die zwar Mitleid haben könnten, aber es nie hatten. Ihnen erzählte er dieses Gleichnis:
»Es war einmal ein sehr reicher Mann, der sagte zu jedem Armen: ›Dieser Faulpelz sitzt nur dumm rum und mit dem soll man Mitleid haben.‹ Aber eines Tages, als er abends im Bett lag, erschien ihm Gott, der sagte: ›Die Armen finden keine Arbeit, sie wollen arbeiten, aber keiner nimmt sie auf. Wenn du verstanden hast, was ich meine, dann tu, was du tun musst.‹
Und? Habt ihr verstanden?«, fragte Jesus die Leute. »Dann tut, was ihr tun müsst.«

Christine

Einmal sagten die Jünger zu Jesus: »Jesus, du hast viel von Gott erzählt. Erzähle uns einmal von dem Himmelreich.« Da erzählte Jesus: »Es war einmal eine Mutter, die hatte großen Kummer. Ihr dreijähriger Sohn hatte eine schwere Grippe und der Arzt befürchtete, dass das Kind sterben müsse. Aber die Mutter versorgte und pflegte das Kind, auch wenn sie wusste, dass es bald sterben würde. Doch sie gab nicht auf. Die letzten Tage seines Lebens sollte der Junge so schön wie möglich haben. Doch eines Tages sagte der Arzt, dass es dem Jungen wieder viel besser ging und zwei Wochen später war er wieder ganz gesund. Diese Geschichte habe ich euch erzählt, weil ich will, dass ihr merkt, dass die Liebe stärker als der Tod ist.« Damit endete Jesus die Geschichte und alle verstanden, dass, wenn sich eine Mutter so um ihr Kind sorgt, dass das wirklich wie im Himmelreich ist.

Yannick

3. Wie Kinder zu Wort kommen

»Schreibe eine Wundererzählung von Jesus, wie sie in der Bibel stehen könnte. Verwende eine Sprache, wie du sie aus der Bibel kennst. Du kannst die Erzählung schreiben als Auferstehungsgeschichte, als Hoffnungsgeschichte, als Lebensgeschichte, als ...«
Mit diesen Worten forderten wir nach intensiven Erfahrungen mit den Wundererzählungen (s. Kap. 17) die Kinder zu Geschichten heraus, denen die poe-

tische Kraft der Sprache der Bibel zu Eigen ist. Auch die Gleichnisse Jesu regten die Kinder zu Gleichnisgeschichten an, die vom Geist der biblischen Sprache und vom Geist Jesu inspiriert sind. Das Gespür der Kinder für die neutestamentlichen Gattungen und die in eigene Worte gefasste Botschaft Jesu sind erstaunlich.

➤ Diese Bilder von Kindern unterschiedlichen Alters zu verschiedenen Themen haben den Bezug zur Gottesbeziehung gemeinsam. Sie zeigen, dass Kinder sich auf ihre Weise in Bildern religiös zum Ausdruck bringen. Oft fehlt uns Erwachsenen eine solche »Theologie in Bildern«.

CHRISTINE (2. Schuljahr) malte das Bild am Ende der Regenbogen-Reihe (s. Seiten 64 und 64a). Im Hesse-Gedicht unterstrich sie »Licht in farbig Buntem … Gottes Licht, erschafft und handelt« und meint zum Bild: »Das Gelbe ist der Bund zwischen uns und Gott. Das Schwarze ist das Böse und das Hellblaue unten rechts ist Gott. Das Grüne ist das Gute und Gott hat es mit in seinem Bund.« Mit meinen Worten weitergedacht, verbindet Christine die beiden Wurzeln der jüdisch-christlichen Gottesvorstellung: Gott als Ursprung und Schöpfer – Gott als Retter und Befreier. Die Farben sind Gott, dem Guten und den Menschen vorbehalten. Das Böse ist und bleibt schwarz. Von Gott geht das Licht aus, sein schöpferisches Handeln erreicht, umschließt und schützt die Menschen. Interessant ist der blaue Hintergrund, der mit der »Gottesfarbe« fast identisch ist. So gesehen ist auch das Böse von Gott umfangen oder anders ausgedrückt: Gott hat auch eine »dunkle«, verborgene Seite in sich, die nicht die Überhand gewinnt, für uns aber unerklärlich bleibt.

ERIC (4. Schuljahr) malte das Bild am Ende der Wunder-Reihe (s. Farbseite 112a und Kap. 17) und erklärt: »Das Gelbe ist Gott und das Bunte auch. Die Spritzer auf dem Gelben sind die Leute, die Gott und Jesus hassen, darum blutet das Gelb. Aber es ist ja ein Pflaster darauf. Das Weiße sind die Leute, die Jesus und Gott nicht kennen.« Erics Gottes-Bild bringt Gegensätze zusammen. Das Runde und das Kreuz, die helle Sonne und das dunkle Leid, die Dynamik der Bewegung in den Pfeilen und die Ruhe durch den Mittelpunkt, der Name GOTT als Antwort und die FRAGE im Fragezeichen werden zusammengebracht und vereint. In der Gesamtsicht macht sich Gott bzw. Jesus zur »Zielscheibe« des Hasses. Indem Gott sich klein macht, wird er anders groß. Mir stellt sich die Frage, von wem das Trost-Pflaster kommt. Ist es Ausdruck des Mitleidens Gottes mit Jesus am Kreuz oder Aufforderung an den Betrachter, dem Hass und der Gewalt entgegenzutreten?

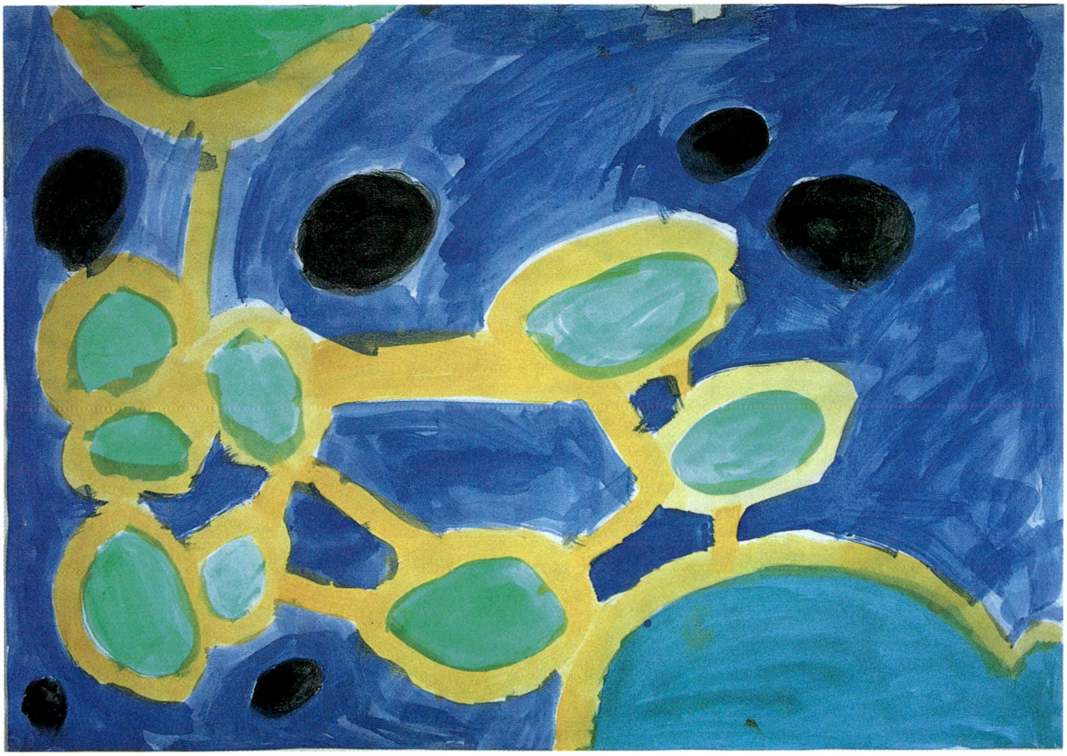

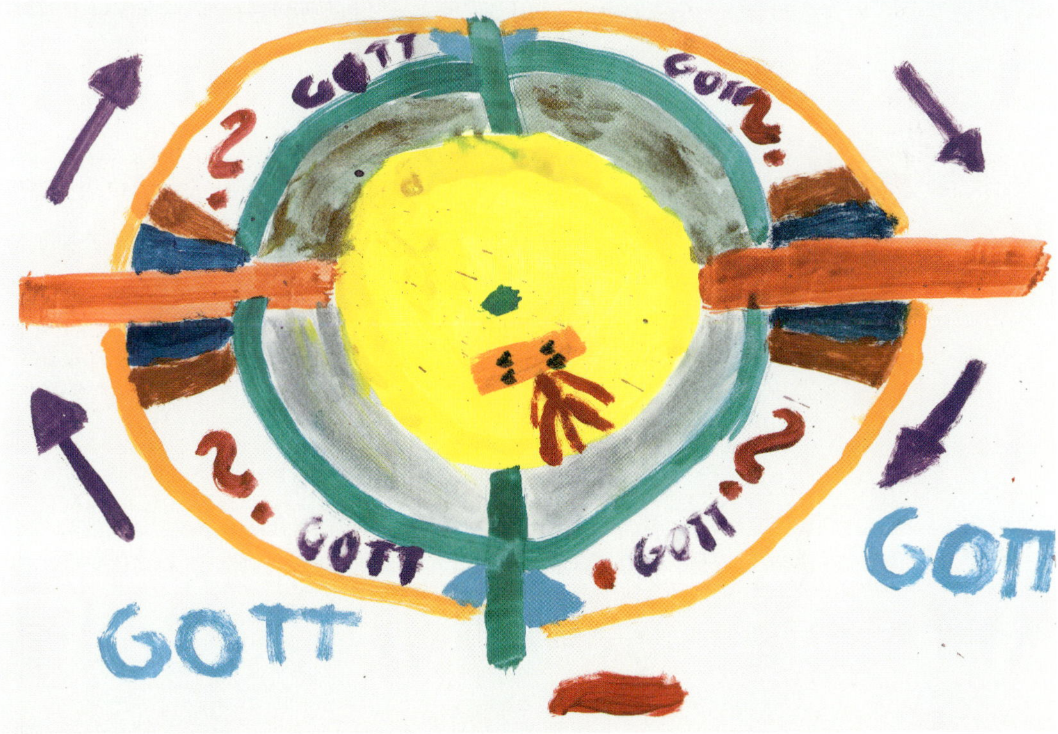
GOTT
GOTT
?
?
?
?
GOTT
GOTT
GOTT
GOTT

Eindrücke und Ideen

Betrachten wir Miras wunderbare Geschichte genauer: Sie entwirft in dichten Sätzen eine bewegende Situation und steigert die Dramatik durch das vielfache Leiden des Mädchens. Während ein anderes Kind in einer ähnlich beginnenden Geschichte Jesus zunächst etwas ratlos »So viel auf einmal soll ich heilen?« fragen lässt, wendet sich Jesus hier mit einer eindringlichen, vielleicht sogar anklagenden Frage an Gott. Im nächsten Augenblick jedoch verteidigt er Gottes Güte und Gerechtigkeit. Nun wird Jesus selbst aktiv, um für das Vertrauen gegenüber Gott glaubwürdig einzustehen bzw. um im eigenen Handeln die Barmherzigkeit Gottes sichtbar werden zu lassen. Dabei macht er sich klein. Noch bevor das Mädchen von Jesus berührt wird, sieht es ihn mit offenen, aber blinden Augen. Nach Jesu Berührungen wird alles gesund, womit das Mädchen nichts »anfangen« konnte, und das ist ein »Anfang eines neuen Lebens«.

In Julias Wundergeschichte beeindrucken das Interesse Jesu an dem kranken Menschen, seine Autorität, die der Bibel nachempfundene Sprache sowie das stille Staunen des Geheilten. Bei Dan führt Jesus, dem die Menschen glauben, hin zum schwierigeren Glauben an Gott, indem er sich selbst zurückzieht und die Menschen Vertrauen lernen lässt. Ohne es zu wissen, variiert Dan mit seiner Geschichte den Satz Jesu zum Auferstehungsglauben »Selig sind, die nicht sehen und doch glauben.« (Johannes 20,29) und überträgt ihn auf den Glauben an Gott. Hilles Lebensgeschichte nimmt die nachösterliche Situation vorweg und wagt (eher unbewusst) einen Blick in eine Zukunft mit asphaltierten Straßen. Wie beim Speisungswunder (Matthäus 14,13–21) mit dem Auftrag Jesu an die Jünger (»Gebt ihr ihnen zu essen!«, s. Kap. 17) sind auch hier die Jünger gefordert. Erst sind sie verwundert, dann jedoch verstehen sie.

Das Gleichnis, das Britta Jesus in den Mund legt, verdeutlicht das Motiv der Wandlung an Veränderungen in der Natur. Tatsächlich ist der Prozess von der Raupe zur Puppe zum Schmetterling auch ein christliches Auferstehungssymbol. Laura schrieb ihre Geschichte als Parallele zum Gleichnis vom Schatz im Acker (Matthäus 13,44), das sie vorher gehört hatte. Das Ende lässt die Möglichkeit eines materiell »leeren« Kastens offen. Für Dan ist der Traum ein besonderer Ort der Gotteserfahrung. Der reiche Mann ist in der Wahrnehmung Gottes ungeübt und braucht einen zweiten »Wink« des Himmels – das Geld, das wie zufällig zu Boden fällt und ihn begreifen lässt. Auch Christines Thema ist das Mitleid der Reichen. Jesus hält den Menschen im Gleichnis den Spiegel vor und lässt sie selbst entdecken, was für sie zur inneren Notwendigkeit werden sollte. Yannick schließlich erzählt eine ergreifende Geschichte von der Hoffnung wider alle Hoffnung. Die Liebe der Mutter überwindet den Tod. Sie ist real erfahrbar und wird zugleich zum Sinnbild für das Himmelreich, für ein Leben bei und mit Gott. Das entspricht der Botschaft Jesu vom bereits unter den Menschen angebrochenen, jedoch noch nicht vollendeten Reich Gottes, der inhaltlichen Mitte all seiner Gleichnisse.

Einmal mehr zeigt sich, wie der Reichtum des tiefen Wissens der Kinder ganz vielfältig zur Sprache kommt, wenn Anstöße dazu gegeben werden.

19. »Wir können ohne Gott nicht leuchten und er nicht ohne uns.«

Das Licht und die Dinge – Gott und die Menschen

Es ist stockdunkel im Kellerraum der Schule. Die Kinder sitzen still um mich versammelt. Ich schalte unten am Boden eine Taschenlampe an, sodass der Lichtstrahl oben an die Decke fällt. Nun ist es wieder dunkel – dann wieder hell. Die Kinder beginnen zu reden. Sie beschreiben den Unterschied, das, was hinzu kommt, wenn das Licht den Raum beleuchtet. Sie merken, dass das Licht selbst kaum in Worte zu fassen ist.

Nun schütte ich Staubkörner aus einem Tuch in den Lichtstrahl der Lampe. Durch die funkelnden Staubkörner wird das Licht in einer senkrecht aufsteigenden Säule sichtbar. Verblüfft erkennen die Kinder: »Ohne Licht können wir die Staubkörner nicht sehen, und ohne Staubkörner ist das Licht nicht sichtbar.« Ich beschreibe den Kindern unsere Erfahrung mit meinen Worten (s.u.). Im Klassenraum zurück, lesen sie dieselben Sätze, jetzt ergänzt durch eine Frage ...

Wir haben es gesehen:
den starren Lichtbalken und das lockere Treiben der Staubkörner,
solange das Licht da war.
Als es erlosch, mussten beide vergehen.
Sie sind also gar nicht ganz voneinander verschieden:
Ohne den Lichtbalken gab es die Staubkörnchen nicht zu sehen
und ohne die Sterne aus Staub war kein Lichtbalken da.
So also ist das Licht:
An sich selber ist es nicht zu sehen,
nur an den Dingen und Lebewesen.
Und auch die Dinge und lebendigen Wesen
sind aus sich selber nicht zu sehen,
sondern nur im Licht.

Wenn du über deine Erfahrung mit Licht und Staub
und über diese Worte nachdenkst,
kommt dir Ähnliches in den Sinn,
was du über Gott und die Menschen sagen kannst?

Gott ist das Licht und wir sind der Staub. Wir sind 1.000.000 Staubkörner, die das Licht brauchen. Wenn Gott keine Menschen wollte, hätte er das Licht nicht gemacht.

Eric

Gott und die Menschen sind wie das Licht und die Staubkörner, Gott ist das Licht und wir die Staubkörner, wir können ohne Gott nicht leuchten und er nicht ohne uns. Wenn er uns an-

scheint, werden wir leuchten und Wärme verteilen. Und wenn wir ihn anleuchten, leuchtet er auch.

Bastian

Alle Menschen leben, ohne Gott nicht. Verzage nicht, es zu verstehen, dann wird es bald so sein. Denn Gott ist wie ein Fass voll Licht, das Wärme gibt. Die Menschen sind die Staubkörner, sie sammeln sich sehr zahlreich, sie bilden Sterne auf der Welt und bilden

eine Säule. Die Säule, sie wird nie vergehen, sie sammelt sich ganz neu, ver-
tut sich nie, läuft immer mit im Kreislauf unserer Zeit, bleibt niemals stehen, wie Uhren es manchmal tun.

Julia

Ohne Gott keine Menschen, ohne
Menschen keinen Gott. Gott und die
Menschen sind zwei verschiedene.
Aber beide brauchen den anderen. Es
gibt auch einen Balken zu Gott, aber
den sieht man nicht. Gott ist Gott, und
die Menschen sind die Menschen, aber
wenn beide leuchten, dann sind sie
gleich. Es ist eigentlich der einzige Unterschied, dass die Menschen unten leben und Gott oben lebt. Der Gott
kommt zu den Menschen und die
Menschen zu dem Gott.

Hille

Gott und die Menschen sind nicht sehr
gleich, denn Gott hat alles erschaffen
und uns auch, deshalb ist er uns nicht
sehr gleich, weil er ein höheres Wesen
ist als wir. In anderen Sachen ist er uns
gleich, zum Beispiel wenn wir anderen
helfen, das hat Gott auch bestimmt getan. Wir würden ohne unseren Gott
nicht leben können, weil dann das
Wasser nicht da wäre und die Sonne,
die uns wärmt. Und Gott braucht uns,
weil wir ihm Freude bereiten. Und
wenn wir nicht da wären, wer würde
dann an Gott glauben?

Sebastian

Gott ist wie der Lichtbalken und die
Menschen wie die Staubkörner.
Ohne Gott gibt es also keine Menschen und ohne Menschen keinen
Gott. An sich selber ist Gott nicht zu
sehen, nur in den Dingen und Lebewesen.

Philipp

Menschen und Gott, nah und weit,
nah wie Haut und weit wie die Sonne.
Die Menschen sehen Gott nicht, aber
glauben an ihn. Gott kann man nicht
sehen, auch nicht mit Licht. Aber ich
finde gut, dass man Gott nicht sehen
kann, weil sonst jeder den Erschaffer
der Welt sehen könnte. Natürlich denken ein paar Menschen nicht an Gott,
sie sagen, es gibt keinen, den man
nicht sehen kann.

Thomas

Wie es mit dem Licht und den Staub-
körnern kommt, so geht es auch mit
Gott und den Menschen. Die Menschen könnten ohne Gott nicht leben
und Gott kennte man nicht.

Dan

Der große Gott und das bewegliche
Treiben der Menschen, wenn Gott da
ist. Wenn Gott stirbt, müssen auch wir
sterben. Wir und Gott sind nicht ganz
verschieden: Ohne Gott gäbe es uns
nicht und ohne uns gäbe es Gott
nicht. So ist Gott: Wenn keiner an ihn

glaubt, dann stirbt er, und auch uns gibt es nicht aus uns, sondern aus Gott.

Christine

Ich bin dein Licht

Ich bin dein Licht, das dich leitet
und das dich begleitet.
Ich bin dein Licht,
das dir immer scheint,
ich bin dein Licht,
auch wenn du weinst.
Ich bin das Licht,
das im Tod auch scheint,
das Licht, das spürt dein Leid.
Ich bin das Kostbarste der Welt,
du kaufst mich auch nicht mal
für Geld.

Mira

Brauchen Menschen Liebe?

Einmal gab es in Betlehem einen weisen Mann. Er wusste fast alles. Von dem, was hier passiert war und was noch passieren wird. Einmal kam ein Mann und wollte wissen, was die Menschen am meisten brauchen. »Liebe«, antwortete der Weise. »Ich zeige es dir an einem Beispiel. Dazu brauche ich eine Taschenlampe und einen dunklen Raum«, sagte der Weise. Er ging in den dunkelsten Raum. Der Mann folgte ihm. Der Weise nahm sich ein Gefäß, wo kein Staub, nicht einmal ein Staubkörnchen drin war. Der Weise sagte: »Stell dir vor, das Licht wär die Liebe!« Er machte das Licht an und leuchtete in das Gefäß rein. »Ich nehme jetzt das Gefäß runter. Da gibt es einen kleinen Unterschied. Der Staub ist die Menschheit.«, erklärte der Weise. Der Mann sagte: »Ich hab verstanden. Ohne Liebe könnten die Menschen nicht miteinander leben.« Der Weise antwortete: »Genau.«

Markus

Eindrücke und Ideen

»Von Schöpfer und Geschöpf kann keine Ähnlichkeit ausgesagt werden, ohne dass sie eine größere Unähnlichkeit zwischen beiden einschlösse.« So lautet ein fast 800 Jahre alter theologischer Grund-Satz: Unsere Versuche, »menschlich« von Gott zu reden, sind so unzureichend wie notwendig. Die Kinder beleben mit ihren nachdenklichen und poetischen Texten die Frage nach dem Verhältnis zwischen Gott und Menschen neu.

Auf dem Hintergrund ihrer Erfahrungen bei dem Licht-Experiment – zu dem mich der Pädagoge und Physiker Martin Wagenschein anregte – rücken sie die Frage nach Ähnlichkeit und Verschiedenheit zwischen Gott und Mensch in den Mittelpunkt ihrer Überlegungen. So unterschiedlich sie Gleichheit und Andersartigkeit dabei gewichten, die Kinder sehen beides und betrachten es in einem wechselseitigen Verhältnis. Immer wieder kommt Gottes Existenz in der Abhängigkeit von den Menschen zur Sprache: Wir Menschen bringen Gott zum Leuchten, lassen Gott ansichtig werden, bereiten Gott Freude, lernen Gott kennen in unserem gegenseitigen Erkennen, erhalten Gott in unserem Glauben lebendig. Alle Nachfragen ergaben, dass die Kinder damit nicht die Existenz Gottes an sich, sondern lediglich sein Leben auf der Erde, also unter uns Menschen meinen. Gott sei auf der Erde tot, wenn kein einziger Mensch ihn durch seinen Glauben am Leben hielte.

In der Erzählung von Markus wird das Licht zum Sinnbild für die Liebe, die ihre Bestimmung findet, indem sie ein Gegenüber zum Leuchten bringt. Diese Geschichte mit Gott zwischen den Zeilen erscheint mir wie eine erzählerische Entfaltung von Sätzen, die in Briefen des Neuen Testamentes stehen: »Wer nicht liebt, hat Gott nicht erkannt; denn Gott ist die Liebe. Gott ist die Liebe und wer in der Liebe bleibt, bleibt in Gott und Gott bleibt in ihm.« (1. Johannesbrief 4,8 und 16b). Eine schöne Entdeckung ist es, am Anfang dieses Briefes zu lesen: »Gott ist Licht. Wenn wir im Licht leben, wie er im Licht ist, haben wir Gemeinschaft miteinander« (1,5 und 7). Und im ersten Brief an Timotheus ist die Rede von Gott, »der in unzugänglichem Licht wohnt, den kein Mensch gesehen hat noch je zu sehen vermag« (6,16). Das Licht ist eine zentrale Metapher, ein Sprachbild für Gottes verborgene Anwesenheit. Es »ist« Gott, es verweist auf Gott, es schafft Raum für Gott. »Du hüllst dich in Licht wie in ein Kleid« (Psalm 104,2). Markus kannte diese Sätze nicht, aber das, was sie sagen, hat er erkannt!

20. »Das Kind, das du gewesen, ist gegangen, ist gegangen, doch im Innern geblieben.«

Antworten auf Fragen von Pablo Neruda

Der chilenische Dichter und Politiker Pablo Neruda schrieb kurz vor seinem Tod ein »Buch der Fragen«. Mit fast 70 Jahren und bereits sterbenskrank stellt er Fragen, wie sie eigentlich nur Kinder stellen können, insgesamt 333 Fragen. Einige kannst du hier lesen. Welche Fragen hättest du auch stellen können? Kannst du auf einige der Fragen von Pablo Neruda eine Antwort geben? Wenn du dem Dichter als Kind antwortest, wirst du vielleicht selbst zum Dichter!

Sag, ist die Rose nackt
oder hat sie nur solch ein Kleid?

Sie ist beides: Sie trägt ein Kleid der Liebe und des Friedens.
Sie ist nackt, wenn du sie tötest!

Warum verbergen die Bäume
die Pracht ihrer Wurzeln?

Weil sie gehen sonst in den Tod.

Sie verbergen sie nicht, sie beschützen sie.

Was hat der Baum von der Erde gelernt,
dass er jetzt mit dem Himmel plaudert?

Er hat das Wachsen gelernt.

Er hat die Sprache vom Himmel gelernt.

Dass die Wolken das Tor zum Himmel eröffnen.

Warum vergießen Wolken so viele Tränen
und werden dabei immer froher?

Weil sie eine andere Art zu spielen haben
und dabei vor Freude Tränen ausgießen.

Wolken vergießen ihre Trauer
und schenken dadurch Fröhlichkeit.

Weil sie ihre Last loswerden.
Das ist so wie bei Menschen.

Wie viele Fragen hat eine Katze?

Gar keine, weil sie nicht fragen kann.

Genau so viele wie ein Mensch.

Keiner weiß es, nur die Katze.

*Warum lässt sich der Donnerstag nicht überreden,
nach dem Freitag zu kommen?*

Weil es sich einfach so entwickelt hat.

Weil Gott die Tage festgelegt hat.

Weil jeder Tag seinen Platz haben muss.

*Ist der Frieden der Taube Frieden?
Führt der Leopard etwa Krieg?*

Die Taube ist nur ein Friedenszeichen,
aber macht nicht den Frieden.
Und genauso ist es beim Leopard, er ist nur ein Kriegszeichen,
aber er macht nicht den Krieg.

Schwimmen die ungeweinten Tränen
in kleinen Seen und warten?
Oder bilden sie unsichtbare Flüsse,
die zur Trauer hin fließen?

Sie bilden ihren eigenen kleinen Fluss,
der vom Lächeln wieder getrocknet wird.

Wer hat alles laut gejubelt,
als die blaue Farbe zur Welt kam?

Der Himmel, das Meer und die Wolken.

Gott hat gejubelt, er war froh.

Es stimmt also nicht -
Gott lebte nicht auf dem Mond?

Gott wohnt hinter dem All.

Gott lebt im Himmelreich.

Gott lebt bei uns im Herzen.

Warum verstehen arme Leute nichts mehr,
kaum dass sie nicht mehr arm sind?

Weil sie alles vergessen wollen, was geschehen ist.

Wen kann ich fragen,
was auf dieser Welt ich suche?

Ich frage meine Mutter, sie kann es mir bestimmt sagen.

Man kann nur Gott fragen.

Du musst es selber herauskriegen.
Geh deinen eigenen Weg.

Warum muss ich mich rühren wider Willen,
warum kann ich nicht stillstehn?

Weil du so bist.
Ein anderer Mensch ist anders.

Weil solange man lebt, das Herz tanzt.

Ist unser Leben nicht vielleicht ein Tunnel
zwischen zwei verschwommenen Lichtern?
Oder ist es nicht eher ein Licht
zwischen zwei Dreiecken düster?

Es ist ein Tunnel zwischen zwei Lichtern,
das erste Licht ist die Geburt und das zweite der Tod.

Nein, es läuft wie ein Kreislauf.

Es ist ein Lichttunnel, wo es kein Ende gibt.

Wer leidet mehr, der immer wartet
oder der nie eines Menschen geharrt?

Der, der nie wartet,
denn er hat nie das Glück vom Warten.

Wo ist der Regenbogen zu Ende,
in deiner Seele oder am Horizont?

Am Horizont kommt der Regenbogen zum Vorschein
und in meiner Seele kommt er dann in Frieden an.

Der Regenbogen endet in der Seele und verkümmert,
wenn man ihn nicht mit Fröhlichkeit füttert.

Im Horizont von deiner Seele.

Wohin wandert all das Geträumte?
In die Träume anderer Menschen?

Nein, in das Land der geträumten Träume.

Die gehen zu Gott, er liest sie.

Und nennt man den Endpunkt im Weltraum
den Tod oder das Grenzenlose?

Das Grenzenlose, weil Gott hat es so bestimmt:
Der Tod ist nicht tot, sondern die Freiheit und das Leben.

Das Grenzenlose!
Weil das Leben gibt es auch nach dem Tod.

Warum bin ich nicht als Rätsel geboren?

Damit man sich nicht den Kopf zerbricht,
wenn man mich sieht.

Weil Gott allem eine Bedeutung gegeben hat.

Weil Gott dir die Gestalt eines Menschen gab.

Bin ich zuweilen ein Bösewicht
oder immer ein Guter?

Ein Guter, du hast nichts verbrochen.

Du bist ein Mensch,
du bist nicht böse und nicht immer gut,
du bist manchmal gut, manchmal böse.

*Wenn all die Flüsse doch süß sind,
woher hat das Meer so viel Salz?*

Von den Tränen der armen Menschen.

Wenn das Wasser auf dem Weg zum Meer den ganzen Müll sieht,
wird es traurig und weint.

Von allem, von Gott und von den Tränen des Glücks.

*Wo ist das Kind, das ich gewesen,
wohnt es in mir oder ist es fort?*

Es ist in dir, es ist nur schwer zu finden.

Es ist immer noch bei dir,
weil du dich bestimmt an deine Kindheit erinnern kannst.

Das Kind, was du gewesen bist,
bist du auch heute noch.

Es ist gegangen,
doch im Innern geblieben.

Wie Kinder zu Wort kommen

Fragen wie diese fallen nur einem Menschen ein, der das Leben, die Menschen und die Natur aufmerksam wahrnimmt und von Herzen liebt, der um das Schöne und Wunderbare wie um die traurigen und dunklen Seiten des Lebens weiß. Pablo Nerudas »Buch der Fragen« wurde erst nach seinem Tod veröffentlicht. Antworten auf seine Fragen an das Leben gibt er nicht, doch liegen sie verborgen in dem Staunen und in der Poesie seines Fragens. Seit längerer Zeit faszinieren mich diese Fragen und ich trug mich mit dem Gedanken, sie einmal Kindern zu zeigen, weil ihre Fragen mit denen Pablo Nerudas wesensverwandt sind.

Dann fiel mir ein wunderschönes, bibliophiles Buch der Grafikerin Marty Brito in die Hände: »Wohin gehen die geträumten Dinge? Aus dem › Buch der Fragen‹ von Pablo Neruda mit Antworten von Kindern aus Chile« (Atlantik Verlag, Bremen ²1997). Die chilenische Lehrerin Victoria Castro stellte ihren acht- bis neunjährigen Grundschulkindern Nerudas Fragen und Marty Brito hat eine Reihe der Kinderantworten mit eigenen Bildern dazu veröffentlicht.

➤ Die Bilder zu »Passion« und »Auferstehung« malten die Kinder mit Pastell-Ölkreiden unmittelbar nach Betrachtung von zwei weitgehend abstrakten Bildern zu denselben Themen von Alfred Manessier. Ebenfalls vorausgegangen waren in diesem 4. Schuljahr die Trostbriefe an Sara (s. Kap. 14) und die Wunder-Reihe (s. Kap. 17).
JULIA schreibt zu ihren Bildern: »Beim Passionsbild ist Jesus das einzige Helle im Bild. Beim Auferstehungsbild ist das Graue der Stein von der Höhle, die blauen Striche sind Gottes Hände, die Jesus hochnehmen.« Ihre Bilder sind auf den zweiten Blick weniger abstrakt als beim ersten Hinsehen.
LAURA meint: »Auf dem Passionsbild sieht man, wie sich die dunklen Farben streiten und gegeneinander ankämpfen. Das Auferstehungsbild zeigt helle Farben, die sich nicht streiten, sondern sich verstehen und Freundschaft schließen.« Während die Balken in grauen, braunen und schwarzen Farbtönen ein doppeltes Kreuz ergeben, nähern sich die gelben und grünen Farbstreifen einander an und sind auf dem Weg zu einem harmonischen Vielklang. Die Symbolik in Farben und Formen ergänzen und verstärken einander.

144

Passion

Auferstehung

Passion

Auferstehung

Fasziniert von dieser Idee und der Kraft der Kinderantworten, legten wir ebenfalls unseren Kindern im 4. Schuljahr eine Auswahl von Fragen von Pablo Neruda vor (jeweils fünffach auf farbigen Papierstreifen) und ermutigten sie, eigene Antworten dazu »auszuprobieren« (schriftlich auf der Rückseite). Es sind Antworten, die für sich sprechen, sich ergänzen oder widersprechen, in jedem Fall die jeweilige Frage nicht zur Ruhe kommen lassen.

21. »Wozu dich wissen? – Wir: ahnen dich.«

Kinder schreiben Gottes-Gedichte

großer gott klein

großer gott:
uns näher
als haut
oder halsschlagader
kleiner
als herzmuskel
zwerchfell oft:
zu nahe
zu klein -
wozu
dich suchen?

wir:
deine verstecke

Kurt Marti

Der Dichter Kurt Marti redet
– so wie du in der letzten Zeit des Religionsunterrichts sehr
oft –
von Gott in Gegensätzen.

Kannst du dein eigenes Gottes-Gedicht schreiben,
in kleingeschriebenen Wörtern,

in der Sprache eines Dichters der heutigen Zeit,
die zeigt, wie du als Kind Gott siehst, denkst und fühlst?

Vielleicht hilft dir eine der folgenden Überschriften,
vielleicht fallen dir andere ein:

starker gott schwach
naher gott weit
dunkler gott hell
gott innen gott außen
hoher gott tief
lauter gott still
trauriger gott froh
allmächtiger gott ohnmächtig
am anfang gott am ende

alter gott jung

alter gott:
bist alt
älter als alles
oder jung
jünger
als das jüngste der welt
gottes kindheit unendlich?
zu alt
zu jung
wozu
dich wissen?

wir:
ahnen dich

Christine

naher gott weit

bist nah
näher als alles
oder weit
weiter als das weiteste der welt
bist du weit oder nah
wozu
dich anfassen?

wir:
spüren dich

Christine

wissender gott hilfloser

wissender gott:
weißt alles
kannst helfen
hilfst allen
bist gut
hilfloser gott:
bei bösen menschen
bei kriegen
da bist du
wie ein krümel dreck

Magdalena

trauriger Gott froh

im inneren froh
im äußeren traurig
weil krieg ist

starker gott schwach

im inneren stark
im äußeren schwach
im frieden stark
im krieg schwach
im frieden froh
im krieg traurig

Benjamin

starker gott schwach

starker gott:
stärker als alle starken zusammen
stark, um die ganze welt
zu tragen
schwächer als alle schwachen
schwach, um nicht mal eine blume
zu tragen
wozu
dich suchen?
wir:
deine stärke

Bastian

lächelnder gott traurig

du lachst
dein trauriges gelächter
du lachst traurig
du verstehst dich nicht
ich geb dir ein zeichen
geheimnisvoll
du musst ich weiß
aus lächelnder trauer dich finden
du suchst dich in der liebe
aber weißt es nicht
das leben ist dir nahe
lächle die trauer an!

Laura

großer gott klein

großer gott:
so groß wie die ganze welt
aber klein
wie ein sandkorn
bei jeder sache ist das so
wozu
dich anschauen

wir:
sehen dich und sehen dich nicht

Dan

starker gott schwach

macht über die erde,
aber kannst nicht stark sein.
kraft für die ganze welt,
aber kannst keinen umlegen.
schlauheit über die kraft,
schlauheit über die schwäche,
kraft über die stärke,
kraft über die schwäche,
schwäche über die kraft,
schwäche über die schwäche.

stärke und schwäche:
sind fast das gleiche

Dan

starker gott schwach

stark wie ein wal
schwach wie eine ameise
klein im krieg
groß in der liebe
schwach im zerstören
stark im wieder aufbauen

gott ist stark
gott ist schwach

Markus

dunkler gott hell

dunkler gott:
dunkler
als nacht oder finsternis
heller
als licht oder sonne
zu hell
zu dunkel
wozu
dich suchen?

wir:
dir nahe

Philipp

naher gott weiter gott

naher gott:
so nah wie ein atemzug
aber so weit
wie eine dahinschwebende wolke
wozu
dich verlassen?

wir:
brauchen dich

Kian

gott oben gott unten

schaust du nach oben
siehst du ihn
der dich wärmt und schützt
schaust du nach unten
siehst du ihn
der dich hält und dich stützt

Eric

Wie Kinder zu Wort kommen – Eindrücke und Ideen

Der Hinweg zu diesen Gottes-Gedichten ergibt sich bereits aus der Darstellung. Dem Vorlesen des Gedichtes von Kurt Marti folgte das gemeinsame Lesen auf dem Arbeitsblatt, das jedes Kind bekam. Unter dem Gedicht waren Zeilen in der Struktur des Gedichtes vorgegeben, in die einige Wörter schon eingetragen waren (Überschrift **gott** / 1. Zeile **gott:** / 10. Zeile **wozu** / 11. Zeile **dich** _____**?** / 12. Zeile **wir:**). Auf der Rückseite des Blattes standen im oberen Teil die Hinführung zu den Kindergedichten (Text, s.o.), die wir mit den Kindern lasen, und darunter nochmals dieselben Zeilen für ein weiteres Gedicht ohne vorgegebene Wörter. Jedes Kind konnte sich für eine Art der Vorgabe entscheiden oder zwei Gedichte schreiben.

Es ist schon erstaunlich, wie die Kinder mit dem Gedicht umgehen. Sie hören die Worte von Kurt Marti, greifen einzelne Aspekte, die Form und die Sprachspiele seines Gedichtes auf und führen sie mit den Anregungen weiterer Überschriften in geistesverwandter und zugleich eigenständiger Weise weiter. Sie erfahren Gott als ältesten und jüngsten, als nah und weit, als stark und schwach, groß und klein, dunkel und hell, als wissend hilflos und traurig froh. Sie benennen Gottes Ohnmacht drastisch (»wie ein krümel dreck«) und beschreiben Gott als jemanden, der sich selbst nicht versteht. Sie machen Gott Vorschläge (»dich finden ... in der Liebe«) und trösten Gott in seinem Mitleid mit den Menschen (»wir: deine stärke« / »wir: dir nahe«). Sie haben erkannt, dass es unzureichende Wörter für die Wahrnehmung Gottes durch den Menschen gibt und finden andere Wörter: ahnen statt wissen, spüren statt anfassen, sehen und nicht sehen statt anschauen. Sie teilen sich gegenseitig mit, wie wichtig ihnen die Beziehung zu Gott ist: Wir brauchen dich, du wärmst und schützt, hältst und stützt uns. Alles in allem entfalten sie ihre eigene »Theologie«. Es ist wiederum eine Rede von Gott, bei der die Gegensätze zusammenfallen und im mehrfachen Wortsinn »aufgehoben« sind. Was als Gegensatz scheint, wird »aufgesammelt« und »bewahrt«, erhält aber auf einer »höheren« Stufe vom jeweiligen Gegenteil her einen tieferen Sinn.

Wagen Sie es! Wie sieht Ihr Gottes-Gedicht aus?

a) Jonathan	b) Magdalena
Alle sprechen zusammen, die Sonne macht Licht, damit alles nicht so dunkel ist im Gespräch, die Luft macht alles spannender, die Blume macht es gemütlicher.	Alles hat eine Sprache! Die Farben zeigen ihre Stimmung an der Helligkeit. Die Noten mit ihrer Melodie. Die Instrumente mit ihrem Klang. Alles hat seine Sprache, genau wie du und ich.
c) Laura Der Schöpfer Der Schöpfer schafft der Blumen Pracht, das Grün, das Gelb, das Rot, das Blau entzündet er in Farbenpracht, denk dies, denk das, wer dieser Schöpfer sei, er ist ein Gott, ein guter Gott der Farbenmalerei.	d) Mira Wort, Ton, Lied und Kunst sind eine Sprache, die man nicht sprechen kann. Man muss nur ihren Sinn herausfinden und ihn verstehen. Das ist die Sprache der Stummen. Diese Sprache ist sehr klug.

➤ Das Gedicht »Sprache« von Hermann Hesse (s. Rückblick, S. 160) teilte ich in acht vier- bis sechszeilige Abschnitte, die auf Karten angeboten wurden. Die Kinder suchten sich eine Karte aus, klebten den Text oben auf ein Arbeitsblatt, malten dazu ein Bild und erläuterten es schließlich.

JONATHAN vermenschlicht im Bild Sonne, Blume und Wolke und veranschaulicht unmittelbar ihre Sprache, die sogar den Rahmen erfasst. Diese Sprache beschränkt sich aber nicht auf äußerlich Sichtbares, sondern sie schafft mit Licht, Spannung und Gemütlichkeit auch atmosphärische Voraussetzungen für ein Gespräch. MAGDALENA konzentriert sich auf die Sprache von Malerei und Musik, umkreist und bewahrt im Bild das Geheimnis des Seins und steigert ihren glücklichen Ausruf, dass alles eine Sprache hat, noch mit der Freude darüber, dass alles und jeder Mensch eine eigene Sprache hat. LAURAS Bild ist wie Auftakt und Überschrift für das begeisterte Lob des Schöpfers in ihrem Gedicht. Einen tieferen Gehalt entdecke ich im Bild durch die »Darstellung« des unsichtbaren Gottes im Schriftzug »Der Schöpfer« (wie beim Gottesnamen »Jahwe« in der Kunstgeschichte) und in Gottes Schöpfung selbst. Zur ebenfalls im Bild enthaltenen Frage, »wer dieser Schöpfer sei«, folgt dann im Gedicht Lauras Glaubensantwort. MIRAS Bild zeigt Elemente einer Landschaft – Gras, Wasser, Getreide, Wolken und Sonne –, die sich in einem auf zerbrechlichen Beinen stehenden »Bild im Bild« spiegeln. Auf diesem Spiegel-Bild ist geschrieben: »Sprache, die man nicht redet«. Diese »Sprache der Stummen« wird »gespeist« mit Buchstaben (Wort), Noten (Ton), Musik und Lied, deren Quelle oben im Bild angedeutet ist: Bunte Farbtupfer fallen aus einer Himmelsöffnung, die Strahlen der Sonne kommen hinzu. Miras Bild führt vor Augen, was die Kinder in diesem Buch und wir alle immer neu tun, wenn wir »zur Welt kommen«: Wir bringen die Welt und unsere Erfahrungen zur Sprache, wissen, dass wir sie nicht abbilden können, schöpfen aus dem Reichtum der Worte, Bilder und Lieder und werden uns dabei manchmal einer Quelle bewusst, die außerhalb unserer selbst liegt.

Die Sonne spricht zu uns mit Licht,
Mit Duft und Farbe spricht die Blume,
Mit Wolken, Schnee und Regen spricht
die Luft

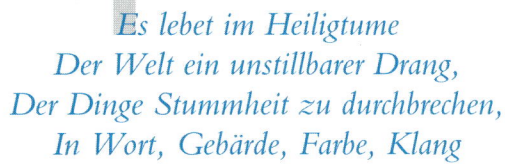

Es lebet im Heiligtume
Der Welt ein unstillbarer Drang,
Der Dinge Stummheit zu durchbrechen,
In Wort, Gebärde, Farbe, Klang

In einer Blume Rot und Blau,
In eines Dichters Worte wendet
Nach innen sich der Schöpfung Bau,
Der stets beginnt und niemals endet

Und wo sich Wort und Ton gesellt,
Wo Lied erklingt, Kunst sich entfaltet,
Wird jedesmal der Sinn der Welt,
Des ganzen Daseins neu gestaltet

22. »Die Tiefe Gottes ist unsere Höhe.«

Gottes-Gedanken der Kinder

Die Fragen Gottes bleiben ungelöst, oder nicht?
Die Fragen Gottes haben Kraft.
Die Fragen Gottes, nicht zu wissen, aber zu glauben.
Die Fragen Gottes sind die Fragen eines Menschen.
Die Fragen Gottes sind die Antworten auf unsere Fragen.

Das Vertrauen Gottes kann man in der Liebe spüren.
Das Vertrauen Gottes macht viele Menschen glücklich.
Das Vertrauen Gottes hilft uns zu vertrauen.

Die Herrlichkeit Gottes ist unscheinbar.
Die Herrlichkeit Gottes ist so wie ein Paradies.
Die Herrlichkeit Gottes steht am Himmel.
Die Herrlichkeit Gottes ruft die Schönheit hervor.

Die Größe Gottes ist größer als die ganze Welt.
Die Größe Gottes ist unbeschreiblich, nimmt aber keinen Platz weg.
Die Größe Gottes ist nicht wichtig.
Die Größe Gottes ist im Inneren groß, aber außen klein.

Die Gerechtigkeit Gottes gibt den Menschen Kraft.
Die Gerechtigkeit Gottes ist gerecht, aber er kann nicht alles verhindern.
Die Gerechtigkeit Gottes wird immer da sein.

Die Gedanken Gottes sind sehr weise.
Die Gedanken Gottes für den, der keine hat.
Die Gedanken Gottes sind auch unsere Gedanken.
Die Gedanken Gottes hat jeder Mensch in sich.

Die Gefühle Gottes sind so stark wie die Sonne.
Die Gefühle Gottes sind oft bedrückt, oft aber auch glücklich.
Die Gefühle Gottes fühlen wir in unserer Seele.

Die Schönheit Gottes ist keinem bekannt.
Die Schönheit Gottes, ist die denn wichtig?
Die Schönheit Gottes ist wie eine Blumenwiese im Sommer.
Die Schönheit Gottes ist wie eine Rose.

Die Wahrheit Gottes, die alle verblüfft.
Die Wahrheit Gottes ist wie das Licht in der Dunkelheit.
Die Wahrheit Gottes ist unsere Wahrheit.
Die Wahrheit Gottes befindet sich im Glauben.
Die Wahrheit Gottes, nur im Glauben zu glauben.

Die Zärtlichkeit Gottes ist wie ein sanftes Streicheln.
Die Zärtlichkeit Gottes ist wie die Haut eines Babys.
Die Zärtlichkeit Gottes ist so, dass niemand ihn merkt.
Die Zärtlichkeit Gottes spürst du in deinem Herzen.
Die Zärtlichkeit Gottes erhebt den Menschen.

Das Wunder Gottes ist unser Leben.
Das Wunder Gottes ist heilend.
Das Wunder Gottes, fast unglaublich!
Das Wunder Gottes ist die Auferstehung Jesu.

Die Liebe Gottes ist immer da und für alle.
Die Liebe Gottes ist so groß wie die von der Mutter.
Die Liebe Gottes ist die Zärtlichkeit der Mütter.
Die Liebe Gottes ist die Liebe von mir zu meiner Mutter.
Die Liebe Gottes ist zwischen zwei Menschen.
Die Liebe Gottes kann Menschen wieder auferstehen lassen.

Die Allmacht Gottes ist die mächtigste im Universum.
Die Allmacht Gottes, die aber nicht von Gott ausgenutzt wird.
Die Allmacht Gottes, ist sie groß?
Die Allmacht Gottes, groß und klein.

Die Ohnmacht Gottes ist schlimmer als die aller Lebewesen zusammen.
Die Ohnmacht Gottes ist, weil der Krieg kein Ende findet.
Die Ohnmacht Gottes ist der Tod der Menschen!
Die Ohnmacht Gottes ist unser Auferstehen.

Die Armut Gottes, wie sie auf der Erde groß ist.
Die Armut Gottes ist wie ein Laster voll mit Menschen.
Die Armut Gottes ist fast unheimlich.
Die Armut Gottes gibt armen Menschen Leben.

Die Traurigkeit Gottes verbirgt sich hinter ihm.
Die Traurigkeit Gottes, die zur Fröhlichkeit gehört.
Die Traurigkeit Gottes ist, wenn ein Mensch stirbt.
Die Traurigkeit Gottes ist groß, denn der Krieg ist schlimm.
Die Traurigkeit Gottes ist wie ein Wasserfall aus Tränen.
Die Traurigkeit Gottes sind unsere Tränen!

Das Mitleid Gottes ist bei allen Menschen.
Das Mitleid Gottes ist so stark, dass alle Klagen weggehen.
Das Mitleid Gottes ist groß, aber er hilft nicht immer.
Das Mitleid Gottes ist bei einem wie das Herz.

Die Stille Gottes ist wie die eines Sees.
Die Stille Gottes hört man.
Die Stille Gottes ist unser Schlaf.

Die Zukunft Gottes ist Vergangenheit.
Die Zukunft Gottes wird sein wie immer.
Die Zukunft Gottes wird nie enden.

Die Unendlichkeit Gottes ist groß, wie das Meer.
Die Unendlichkeit Gottes liegt in der Weite des Himmels.
Die Unendlichkeit Gottes liegt in der Zeit.
Die Unendlichkeit Gottes geht in die Tiefe.

Die Tiefe Gottes ist so tief wie ein Brunnen.
Die Tiefe Gottes ist tiefer als das Meer.
Die Tiefe Gottes geht in die Unendlichkeit.
Die Tiefe Gottes ist im Himmel.
Die Tiefe Gottes ist in deinem Herzen.
Die Tiefe Gottes ist unsere Höhe.

Wie Kinder zu Wort kommen – Eindrücke und Ideen

In diesem letzten Kapitel zeigt sich nochmals die Vielfalt der Gottes-Vorstellungen der Kinder. Unter der Überschrift »Meine Gottes-Gedanken« fand jedes Kind am Ende der Grundschulzeit auf einem Blatt verschiedene Anfänge von kurzen, je einzeiligen Sätzen vor (»Die Fragen Gottes ...« / »Das Vertrauen Gottes ...« / »Die Herrlichkeit Gottes ...« usw.). Ich forderte die Kinder auf: »Schreibt diese Gottes-Sätze mit Herz und Verstand, Phantasie und Tiefsinn weiter! Denkt dabei an das, was ihr in den letzten Monaten und Jahren im Religionsunterricht erfahren und erkannt habt.« Eine Auswahl der Sätze – immer geschrieben von verschiedenen Kindern – habe ich dann in »Strophen« zusammengestellt. Jedes Kind suchte sich eine Strophe aus und las sie den anderen vor. Sie wurden Anlass vertiefender Gespräche.

So ist ein vielschichtiger Einblick in die Gottessichten der Kinder entstanden. Immer wieder wird Gott für seine Güte und Größe, seine Schöpferkraft und Gerechtigkeit gelobt. Dennoch gibt es viele Anfragen zu den Grenzen der Macht Gottes. Hier werden seine Ohnmacht und Armut, seine Trauer und sein Mitleid als hilfreich und heilsam für die Menschen hervorgehoben. Auffällig ist die oft benannte Nähe zwischen Gotteserfahrung und Erfahrungen mit der Mutter. Auch der Zusammenhang zwischen Gotteserfahrung und Selbsterfahrung steht im Mittelpunkt vieler Aussagen. Erneut gibt es überraschende paradoxe Wendungen in den Sätzen: Gott antwortet den fragenden Menschen mit Fragen. – Gottes unbeschreibliche Größe verbraucht keinen Platz. – Gottes Allmacht ist groß und klein. – Gott ist traurig fröhlich bzw. fröhlich traurig. – Gottes Stille ist hörbar. – In Gott fallen Zukunft und Vergangenheit zusammen. – Gottes Tiefe ist tief und hoch, am Himmel und in uns, sie ist sogar unsere Höhe.

In drei Sätzen verschiedener Kinder kommt Auferstehung in den Blick:

- Das Wunder Gottes ist die Auferstehung Jesu.
- Die Liebe Gottes kann Menschen wieder auferstehen lassen.
- Die Ohnmacht Gottes ist unser Auferstehen.

Diese Kinderäußerungen wecken Gedanken zu Kreuz und Auferstehung. Die Liebe Gottes zeigt sich in Jesu Kreuzigung und Auferstehung, eben nicht als Allmacht nach menschlicher Vorstellung endlos überhöhter Stärke, sondern als Ohnmacht, die das Unrecht und den Tod aushält und dadurch überwindet. Diese ohnmächtige Liebe ist auch für uns Menschen erfahrbar und kann uns Hoffnung geben auf ein Auferstehen.

Wieder zeigt sich: In Kindern wartet eine Quelle des Wissens um zu sprudeln. Könnte es nicht sein, dass wir Erwachsene mit ihnen selbst auch wieder solche Quellen entdecken?

Rückblick:
Was Kinder alles wissen

Blicken wir zurück auf den ausgebreiteten Gedanken und Bilderteppich zu den immer neu sich einstellenden Fragen und Erfahrungen der Kinder. Bei aller Vielfalt wird er zusammengehalten von wiederkehrenden Aspekten und Motiven.

Mir erscheint es wie bei einem Kaleidoskop: Man schaut in die gegen das Licht gehaltene Röhre und sieht durch die mehrfache Spiegelung jedes Mal neue bunte Muster und Sterne. Durch Bewegung wechseln die Formen unendlich, doch sind sie aus denselben Elementen gebildet, die jeweils neu sich verwandeln und vervielfältigen.

So haben wir ein Kaleidoskop mit Texten und Bildern der Kinder, das ihre Weltsichten, ihre eigenen Standpunkte in dieser Welt, ihre Gottesvorstellungen und Gotteserfahrungen in eindrucksvoller Farbigkeit und Vielschichtigkeit vor Augen führt.

Nachdem die konkreten Entstehungsgeschichten der Kinderäußerungen erzählt sind, will ich nun nochmals allgemein beschreiben, was dabei geschehen ist und warum es geschehen konnte. Daraus ergeben sich Perspektiven für unseren Umgang mit Kindern heute, für ein zukunftsfähiges religiöses Fragen und Erfahren, Lernen und Erziehen. Und: Wir Erwachsenen lassen uns dabei selbst auf ganz neue Möglichkeiten ein, unsere Spiritualität zu entdecken.

Sprache

Die Sonne spricht zu uns mit Licht,
Mit Duft und Farbe spricht die Blume,
Mit Wolken, Schnee und Regen spricht
Die Luft. Es lebt im Heiligtume
Der Welt ein unstillbarer Drang,
Der Dinge Stummheit zu durchbrechen,
In Wort, Gebärde, Farbe, Klang
Des Seins Geheimnis auszusprechen.
Hier strömt der Künste lichter Quell,
Es ringt nach Wort, nach Offenbarung,
Nach Geist die Welt und kündet hell
Aus Menschenlippen ewige Erfahrung.
Nach Sprache sehnt sich alles Leben,
In Wort und Zahl, in Farbe, Linie, Ton
Beschwört sich unser dumpfes Streben
Und baut des Sinnes immer höhern Thron.

In einer Blume Rot und Blau,
In eines Dichters Worte wendet
Nach innen sich der Schöpfung Bau,
Der stets beginnt und niemals endet.
Und wo sich Wort und Ton gesellt,
Wo Lied erklingt, Kunst sich entfaltet,
Wird jedesmal der Sinn der Welt,
Des ganzen Daseins neu gestaltet,
Und jedes Lied und jedes Buch
Und jedes Bild ist ein Enthüllen,
Ein neuer, tausendster Versuch,
Des Lebens Einheit zu erfüllen.
In diese Einheit einzugehn
Lockt euch die Dichtung, die Musik,
Der Schöpfung Vielfalt zu verstehn
Genügt ein einziger Spiegelblick.
Was uns Verworrenes begegnet,
Wird klar und einfach im Gedicht:
Die Blume lacht, die Wolke regnet,
Die Welt hat Sinn, das Stumme spricht.

Hermann Hesse

Ausdrucksstark umschreibt Hermann Hesse die Sehnsucht der Dinge und der gesamten Schöpfung, zur Sprache zu kommen, benannt zu werden und dadurch erst wirklich ins Dasein zu treten. Schon in den biblischen Schöpfungserzählungen ist das Wissen um den Zusammenhang zwischen Namensgebung und Existenz bewahrt. Im priesterlichen Schöpfungsgedicht ruft Gott dadurch seine Schöpfung ins Leben, dass er ihr Namen gibt. In der jahwistischen Erzählung dagegen fordert Gott die Menschen auf, die Dinge zu »benennen«. In diesem Drang der Welt nach Sprache spiegelt sich nichts anderes als unsere eigene Sehnsucht, die Welt und uns selbst zur Sprache zu bringen. Denn die Welt gibt es für uns Menschen nicht außerhalb unserer Wahrnehmung mit ihren Möglichkeiten und Grenzen. Die Welt ist für uns nicht objektiv abbildbar. Wir erzählen von Tag zu Tag aufs Neue die Welt und begegnen in den Worten und Bildern anderer der Welt als einer »erzählten« Welt. Dass wir dabei unsere je eigene Sicht haben, macht den Austausch notwendig und interessant. Wo der Mensch in Wort und Ton, Lied und Bild die Welt und seine Erfahrungen zum Ausdruck bringt und wo er solchen Zeugnissen der Sprachwerdung begegnet, wird auf der unendlichen Suche nach Einheit – so Hermann Hesse – der Sinn der Welt und des Daseins immer neu entworfen. Die Schöpfung Gottes ist kein Ereignis der Vergangenheit. Schöpfung vollzieht sich jeden Tag neu, nicht nur mit jedem Menschen, der zur Welt kommt, auch in jedem Augenblick, in dem die Welt zum Menschen kommt.

Die Sprachschöpfungen der Kinder in diesem Buch sind Ergebnisse dieses von Hesse beschriebenen Prozesses – genau solche Prozesse können sich bei den Leserinnen und Lesern fortsetzen. Die Kinder lesen die Worte, die wir ihnen geben und kommen dann selbst »zu Wort«. Sie tasten nach Worten für die Erfahrungen, die durch das Gelesene in ihnen berührt und geweckt werden. Indem sie Wörter und eigene Erfahrungen zusammenbringen, Erfahrungen mit Wörtern verknüpfen, bringen sie die Welt, sich selbst und darin auch Gott zur Sprache, stellen sie sich die Welt und Gott vor, kommen sie zur Welt und zu Gott. Kinder brauchen solche Worte gerade in der Zeit ihres Lebens, in der sie Sprache lernen und ihren Standort in der Welt suchen: Geschichten und Gedichte, Worte und Sprachbilder der Bibel, die ihren Erfahrungen entsprechen. Weil sie es gewohnt sind, einer Sprache zu begegnen, die sie nur zum Teil verstehen, können sie mit Einfühlungsvermögen und Vorstellungskraft mit einer für sie »fremden« Sprache umgehen, insofern diese tatsächlich eigene Gedanken und Erfahrungen berührt und wir sie bei ihren eigenen Wegen leiten und begleiten. Selbst die Worte von Hermann Hesse waren für unsere Kinder in den letzten Stunden ihrer Grundschulzeit keine Überforderung. Nachdem wir sie zweimal gelesen hatten, präsentierten wir ihnen die Sätze auf acht einzelnen Karten; sie suchten sich eine aus, klebten sie auf ihr Blatt, malten und schrieben dazu (s. die Beispiele auf den Seiten 152 und 152a). Unmittelbar vorausgegangen war dem Hesse-Gedicht das Nachdenken über einen mir wichtigen Satz von Günter Eich: »Man kann nicht von Gott sprechen, wenn man nicht weiß, was Sprache ist.«

Die Tiefe Gottes ist so tief wie ein Brunnen.
Die Tiefe Gottes ist tiefer als das Meer.
Die Tiefe Gottes geht in die Unendlichkeit.
Die Tiefe Gottes ist im Himmel.
Die Tiefe Gottes ist in deinem Herzen.
Die Tiefe Gottes ist unsere Höhe.

Sätze zur Tiefe Gottes stehen bewusst am Ende der umfangreichen Sammlung von Kinderäußerungen. Sie sollen sozusagen von der Tiefe Gottes eine Brücke schlagen zur Tiefgründigkeit der Kinder. Wie lässt sich die außerordentliche Art charakterisieren, mit der Kinder die Welt, sich selbst und Gott zur Sprache bringen und dabei auf eigene Weise Philosophie und Theologie betreiben? Warum sind sie dazu in so überraschender und vielfältiger Weise fähig? Angeregt durch Gedanken des Theologen Paul Tillich versuche ich, diese Haltung und das Vermögen der Kinder beim »Philosophieren« und »Theologisieren« mit dem Begriff der »Tiefe« zu umschreiben.

Die Tiefe ist als eigentlich räumliche Erfahrung Symbol für eine geistige Haltung. »Tief« kann als Gegenteil zu »flach« bzw. »oberflächlich« oder als Gegenteil zu »hoch« gemeint sein. Die Wahrheit etwa ist tief und nicht flach. Das Leid dagegen ist tief und nicht hoch. Die Tiefe ist niemals kompliziert: Merkmal wirklicher Tiefe ist ihre Einfachheit. Es gibt nichts von wirklich wichtiger Bedeutung, was für einen Menschen zu schwer zu verstehen ist.

Schwer ist es höchstens, das Wesentliche einfach zu sagen. Die Wahrheit selbst ist nicht schwierig, sondern unbequem und beunruhigend.

Die Texte und Bilder dieses Buches zeigen: Kinder haben eine natürliche Nähe zur Einfachheit der Tiefe. Sie können in ihrem radikalen fragenden Staunen über das Dasein von Mensch und Welt eine Tiefe des Denkens erreichen, die im Erwachsenenalter nur allzu häufig verblasst. Sie können Einblick nehmen in die Tiefgründigkeit der Welt und die Tiefe ihrer Seele. Sie sind sensibel für die Tiefe eines Lebens in Gemeinschaft. Von daher können sie sich einfühlen in die tiefe Dunkelheit des Leidens anderer Menschen. Wie die Propheten schauen sie in die Tiefe der Zeit und sprechen Worte der Anklage sowie der Hoffnung. Im Psalm 130 heißt es: »Aus der Tiefe, Herr, rufe ich zu dir.« Ein Kind schrieb als eigenen Psalmensatz »Du holtest mich aus der Tiefe.« Auch Kinder können sich gleichsam aus der Tiefe eigener Erfahrungen an Gott wenden und dabei die eigene Tiefe und die Tiefe Gottes schauen. Sie können sich in ihren Fragen, Gedanken und Bildern »aufschwingen« zur tiefen Wahrheit des Lebens und eine Tiefe in Gott erahnen. Die paradoxe Sprache der Religion enthüllt den Weg zur Wahrheit als einen Weg zur Tiefe. Gott kann dann – so Paul Tillich – zum Namen dieser unendlichen Tiefe und des unerschöpflichen Grundes werden, dass es uns als Person und als Menschheit gibt: »Denn wenn ihr erkannt habt, dass Gott Tiefe bedeutet, so wisst ihr viel von ihm ... Wer um die Tiefe weiß, der weiß auch um Gott.«

Die mögliche Tiefgründigkeit von Kindern ist aber nicht abstrakt und vergeistigt, sondern sehr konkret der Realität verpflichtet. Das hat vielleicht mit einer Erkenntnis zu tun, die ich von Jürg Schubiger hörte: »Es gibt nichts Tieferes als die Oberfläche.« (Er bedauerte zutiefst, dass dieser Satz nicht von ihm selbst stamme.) Kinder nehmen die Wirklichkeit ernst, wie sie ihnen begegnet, und entdecken in ihr die Tiefe. Denn sie sind zugleich »Realisten und Mystiker« (Jürgen Oelkers). Zum einen entdecken sie die Welt von der Oberfläche her, begreifen sie konkret und nehmen sie wortwörtlich wahr. Zum anderen wundern sie sich darüber, dass es die Welt gibt und nicht nichts ist, gehen unserer Wirklichkeit mit ihrer Doppelbödigkeit auf den Grund und fragen nach den Ursachen hinter den Ursachen. Erst wenn wir für diese beiden zusammengehörigen »Seiten« der Kinder aufmerksam sind, nehmen wir die Kinder »ganz« wahr und können wir ihren Möglichkeiten zur Entfaltung verhelfen.

Die Stille ist das Brüllen der Löwen, wenn sie schlafen.
Wer fragt, weiß schon etwas!
Gott sagte: Findet es selber raus!
Die Seele ist eine Sonne im Menschen.
Ich halt mich an der Freude fest, trotzdem siegt manchmal die Angst.
Gott ist weit, aber mir nah.
Eine Welt ohne Zeit ist wie ein Körper ohne Herz.
Lasst alle Kinder in Frieden groß werden!
Gott muss sich in uns bewegen.
Zu glauben heißt fragen, auch wenn man stumm ist.
Wenn es Wunder nicht gibt, dann gäbe es dich auch nicht!
Wir können ohne Gott nicht leuchten und er nicht ohne uns.
Wozu dich wissen? – Wir: ahnen dich.

Diese Sätze und Überschriften einzelner Kapitel verdeutlichen im Rückblick stellvertretend für viele Kinderäußerungen in Wort und Bild: Unsere Chance und Aufgabe im Umgang mit Kindern besteht zuallererst und in erster Linie darin, ihnen den *Raum für tiefsinnige Fragen*, Gedanken, Texte und Bilder zu eröffnen. Wir sind die »Geburtshelfer« für all das, was in den Kindern steckt. So verschüttet vieles heute sein mag, wir können den Kindern helfen es »auszugraben«. So tief es in ihnen auch schlummert, wir können es »wecken«. Das geschieht zum einen durch eine vertrauensvolle und *geschützte Atmosphäre*. Zum anderen brauchen die Kinder *Anregungen* in Form von Fragestellungen, Texten und Bildern, die ihre Assoziation und Phantasie, ihre Vorstellungs- und Einbildungskraft, ihre Freude am Spiel mit der Sprache herausfordern. Schließlich sollten wir die Kinder *unbedingt ermutigen* und unterstützen, sie stärken und ihnen bewusst machen, dass gerade sie als Kinder ihre eigene, andere und oft angemessenere Art des Fragens, Denkens und Erlebens haben, von der wir lernen können. Darüber hinaus geht es darum, die Tiefe in den Äußerungen der Kinder wahrzunehmen und mit den Kindern im *Gespräch* auszutauschen, was sie bewegt. Dabei kommen auch unsere Antworten bzw. *Antwortversuche* mit ins Spiel, die die Kinder von uns zu Recht erwarten. Entscheidend wird die eigene *Haltung* sein, ob ich nur die Fragen der Kinder aushalte oder mich zu ihnen auf die Seite der Fragenden stelle und mit ihnen die Fragen aushalte, ob ich mir als Erwachsener grundsätzlich überhaupt von einem Kind Antworten sagen lasse, mir von ihm zu denken geben lasse und bereit bin, meine Antworten zu überdenken.

Die Frage, warum die Kinder uns als Gegenüber für ihre Auseinandersetzungen mit Gott und der Welt, mit dem Sinn und Grund des Lebens auf der Erde, mit Religion und Glaube unbedingt brauchen, lässt sich von den vielen Sichtweisen der Kinder her beantworten:

Kinder sind auf ihre Weise »Weltneulinge« und »Philosophen«. Sie haben sich noch nicht eingerichtet in der Welt, können sich noch wundern, sind neugierig auf das, was ist, und fragen, warum überhaupt etwas ist, sie haben sich noch nicht abgefunden mit der Welt und mit dem Leid auf der Welt und hinterfragen die Antworten.

Kinder sind auf ihre Weise »Künstler« und »Sprachspieler«. Sie sind kreativ in ihren Gedanken und Bildern, grenzenlos in ihrer Vorstellungs- und Einbildungskraft, ohne Hemmungen und Zensur in ihrer Assoziation und Phantasie.

Kinder sind auf ihre Weise »Gottsucher« und »Theologen«. Sie wollen auch dem für sie unverstehbaren Gott auf die Spur kommen und sprachlich in Worten und Bildern Gott »begreifen«. Sie wollen Gott als Unsichtbaren und Unabbildbaren schauen, nach Gott als Unbegreifbarem tasten, von Gott als Unaussprechbarem reden, Gott in Gegensätzen als nah und fern, groß und klein, allmächtig und ohnmächtig, hoch und tief erfahren.

Kinder brauchen zu all dem ein DU, dem sie sich anvertrauen und dem sie vertrauen können. Sie brauchen die WIR-Erfahrung im gemeinsamen Fragen und Suchen. Im Dialog können sie Antworten finden und sich SELBST und GOTT näher kommen.

Du bist ein Guter, du hast nichts verbrochen.
Also sei optimistisch, denke immer: »Der Entschluss ist richtig.«
Du musst es selber herauskriegen. Geh deinen eigenen Weg.
Das Kind, das du gewesen, ist gegangen, doch im Innern geblieben.
Der lebendige Gott sei in dir, um dir Mut zu machen, wenn du traurig bist,
Gott umhülle dich, dass dir Liebe zu den Menschen bleibt und du dich
liebst.
Wenn du wartest, kannst du zu Gott, leg dich hin und schlaf ein.
Dass wir auf der Welt leben dürfen, ist mein Wunder,
du kannst glücklich sein, dass Gott uns so ein Wunder erschaffen hat.
So ist Gott: Wenn keiner an ihn glaubt, dann stirbt er,
und auch uns gibt es nicht aus uns, sondern aus Gott.
Ich hab verstanden:
Ohne Liebe könnten die Menschen nicht miteinander leben.

Zu unserer Überraschung reden die Kinder immer wieder ohne Aufforderung ein »Du« an, um Trost und Mut zuzusprechen, um einen Rat oder eine Antwort zu geben. Solche Sätze sprechen sie mit ungewöhnlichem Ernst und nicht erwarteter Vollmacht. Die oben nochmals erinnerten Sätze aus diesem Buch, aber auch die vielen anderen Aussagen aus eigener Sicht auf die Welt und Gott zeigen: Nicht nur für die Kinder, auch für unser Leben kann die Nähe und der Austausch mit Kindern ein Geschenk und Glück bedeuten, das anders nicht erfahrbar ist. Es ist immer wechselseitig zu sehen: Ermutigen wir die Kinder zu etwas Besonderem, erfahren wir Ermutigung durch sie. Wenn die Kinder uns mit Selbstvertrauen etwas zu sagen haben, trauen wir ihnen wiederum Großes zu.

»Lasset die Kinder zu mir kommen!« Indem ich diese Aufforderung Jesu (Markus 10,14) im Sprachspiel aufgreife, kann ich das vielschichtige und beziehungsreiche Miteinander zwischen Kindern und Erwachsenen beschreiben: Es gilt in vierfacher Hinsicht, *das Kind »zu sich« kommen zu lassen*. Zum einen helfen wir den Kindern, ganz bei sich zu sein, also aufmerksam und anwesend, echt und geistesgegenwärtig zu sein. Zum anderen kommt es darauf an, dass die Kinder bei mir ankommen und da sein dürfen, dass ich ihnen Brücken anbiete, mit mir in Kontakt zu kommen. Das wird wohl nur gelingen, wenn ich als Erwachsener mir selbst gegenüber mein eigenes Kind-Sein bewahre und schließlich dieses Kind in mir, das »gegangen ist, doch im Innern geblieben«, auch den Kindern gegenüber zulasse, ohne dabei mein Erwachsen-Sein auszublenden. Dann kann für die Kinder wie für mich wahr werden, was Erich Kästner, der bekannte Kinder- *und* Erwachsenen-Schriftsteller, prägnant auf den Punkt gebracht hat:

»*Nur wer erwachsen wird und Kind bleibt, ist ein Mensch.*«

Quellenverzeichnis

Texte

9 Aus: Reiner Kunze, Gespräch mit der Amsel. (c) S. Fischer Verlag GmbH, Frankfurt am Main 1984 – **10** Aus: Einbruch der Wirklichkeit. Verlag Klaus Wagenbach, Berlin 1991. Siehe auch: Ders., Gesammelte Werke. Gedichte 3. Verlag Klaus Wagenbach, Berlin 1993, S. 575 – **18** Aus: Liebesgedichte. Verlag Klaus Wagenbach, Berlin 1979, NA 1995. Siehe auch: Ders., Gesammelte Werke. Gedichte 2. Verlag Klaus Wagenbach, Berlin 1993, S. 444 – **61-63** Zeit-Gedankenspiele, nach: Alan Lightman, Und immer wieder die Zeit. Einstein's Dreams. Hoffmann und Campe Verlag, Hamburg 5. Aufl. 1994 – **64** Aus: Hermann Hesse, Gesammelte Dichtungen. (c) Suhrkamp Verlag, Frankfurt am Main 1952 – **76-77** Sedelius Caelius, Segensgebet aus dem 5. Jahrhundert, aus: Martin Schmeißer (Hg.), Deine Güte umsorgt uns. Verlag am Eschbach, Eschbach 1989 – **78** Irischer Segen, aus: Manfred Wester, Einübung ins Glück – in Irland entdeckt. Burckhardthaus-Laetare Verlag, Offenbach/M. 1986 – **79** Lateinamerikanischer Segen, Quelle unbekannt – **93-99** Silesius-Sätze, vom Autor ausgewählt und zusammengestellt, aus: Angelus Silesius, Der Cherubinische Wandersmann. Geistreiche Sinn- und Schlussreime, hg. und mit einem Nachwort von Erich Brock. Diogenes Taschenbuch Verlag, Zürich 1979 – **104** (c) Klaus Kordon – **137-143** Neruda-Fragen, aus: Pablo Neruda, Das lyrische Werk in 3 Bänden. (c) 1986 Luchterhand Literaturverlag GmbH, München für die deutsche Ausgabe. (c) Pablo Neruda and Heirs of Pablo Neruda – **146** Aus: Kurt Marti, Werkauswahl in fünf Bänden, in: Namenszug mit Mond. Gedichte. (c) 1996 Verlag Nagel & Kimche AG, Zürich – **160** Aus: Hermann Hesse, Gesammelte Dichtungen. (c) Suhrkamp Verlag, Frankfurt am Main 1952

Bilder

15 Odilon Redon, Stille, ca. 1911, 54 x 54,6 cm, Öl auf Gipsgrund auf Papier. Sammlung Lillie P. Bliss, Museum of Modern Art, New York – **21** Jean Cocteau: Face à face, 1956. (c) VG Bild-Kunst, Bonn 1999